谁以锦瑟奏哀弦

李商隐诗传

流星 / 著

中国华侨出版社

北京

中国古典诗歌最繁盛的时期在盛唐，它们与壮丽山河一起奔流，携带着那个时光的辉煌和狂放。中唐之后，世风渐衰，人们感受到了长河奔腾的落寞与疲惫，于是更加在意胸臆里的滴滴情思；到了晚唐，低到尘埃里寻找赤子之魂的人愈多，于是五彩斑斓的人间烟火色开始晕染在诗歌的新篇章里。

告别了壮美激昂，人们迎来了白衣李商隐的缠绵低冷。"相见时难别亦难，东风无力百花残。"这样的诗句哀而不伤，却展现了丝丝入扣的情思，回味绵长。与所有的古诗人一样，李商隐的故事里同样躲不开爱情和政治。无论是与女道士的痴爱玄梦，与柳枝姑娘的无解情缘，与夫人王氏的生死相依，他的心尝尽了爱的千般滋味，他的笔也流淌出红尘中的万种风情。且无论故事是悲是喜，都赋予了他生命的独特意义。

读书人总会想着踏上仕途，这同样也是李商隐的人生理想。一朝有幸，他投到了令狐门下，开始一生政治路途。几番辗转，几番苦楚，这条路他走得格外艰辛。他栖居在政治的夹缝中，用一颗善

1

感的心，经历了时代风云的沉郁。他忧心国运，感时伤世，扛起了责任感和忧患意识，关心民生疾苦，却也始终像个纷乱政坛的局外人，最后他没能逃脱党派之争，且深陷其中无法自拔。一次次地失望，又一次次地在失望中挣扎，他终究还是舍不得那条路，他没能像陶公那样豁达，决然拂袖而去，兜兜转转挣扎了几十年后无奈地接受政治理想的破灭，抑郁而终。他以悲壮的人生，奏响了一段历史的哀乐。千年之后，犹然清晰可见他悲壮的身影。

如今，世人仍然沉吟着李商隐的诗句，背着自己的故事，带着不同的理解，穿梭在不同的生活主题里，演绎着声色犬马的红尘故事。而他的灵魂，就这样声声不息地活在这红尘中。

目录

CONTENTS

1

谁以锦瑟奏哀弦 · 李商隐诗传

第一章

年少多经坎坷

家贫且失怙

某年方就傅，家难旋臻。躬奉板舆，以引丹旐。四海无
可归之地，九族无可倚之亲。既祔故邱，便同逋骇。生
人穷困，闻见所无。及衣裳外除，旨甘是急。乃占数东
甸，佣书贩舂。

——《祭裴氏姊文》

冰封的时间，一点点消融，尚未来得及走过白色茫茫，与春
的嫩绿色琴瑟和谐，分割的时间和空间交错着一条条平行线。时
光旧处，藏着各色故事。

李商隐，字义山，号玉溪生，祖籍怀州河内人，从祖父起迁
至郑州。李商隐自诩是皇亲国戚，但也不是每个皇亲国戚都能锦
衣玉食、荣华富贵的。金龙般的黄色下，掩埋着多少看不见的尘
埃，模糊了多少黑白。明亮的背影下，滋生不堪腐朽的黑暗。而
他，一直在黑暗中行走，寻着光明。

父亲曾在浙江任县令，那是一个很卑微的官职，他在李商隐八九岁的时候就去世了，所以李商隐有着一个很不幸的童年。

父亲去世在一个充满希望的春天里，那时的阳光很充足，有着刺眼的明媚，眼中的泪水即使用双手掩盖，还是难以阻挡。李商隐从来没有那样地厌恶阳光，那白晃晃的光线，把自己今后的人生照耀得如此不堪。

母亲李氏是一个三从四德的女人，一个十足柔软的妻子。她懂得丈夫生前的孤独，所以在丈夫死后无论如何也不能再让他无所依了，便为自己的丈夫做了人生的最后一个决定。她让身为长子的李商隐举着引魂幡把父亲千里迢迢地从浙江幕府送回了河南——他的出生地。让丈夫魂归故乡，这是她最后能给他的温柔。

多少年，故乡的景依然，故乡的人已不在，如今的物是人非，让心里更产生了数不尽的荒凉。他举着引魂幡把父亲入了葬，无论怎样，从前那个在父亲膝下嬉戏的幼童，背着书包上学堂的小书童，都必须要长大了，这是他的使命。

父亲去世了，可是还有母亲，还有更为年幼的弟弟妹妹，作为家里的长子，李商隐深深觉得自己的肩膀被绑了一块巨石，把那颗热血的心沉沉地压了下去。

离开了河南许多年，曾经认识的、不认识的如今都成了陌生的，孤儿寡母要在这里艰难地生存。亲戚没有几个可以依靠，因为他们都是一样的穷人，即使稍微富裕点的也不愿轻易借钱，都担心肉包子打狗——一去不回。老弱妇孺的家庭，该如何继续下去。

还好在村里人的帮助下，他们收拾了两间闲置的房屋，一家暂时搬了进去。只是那荒凉的情景，只能用家徒四壁可以形容了。

动乱的年代，人们流离失所，有片瓦残垣可以遮风挡雨也是家。破败的房屋，几块木头作为从前的桌椅也随着时光慢慢恢复了最初的形状，破旧的油灯在角落被时光所燃的油一点点尘封。土灰色的茶壶掉了嘴，在角落里慢慢地盛满了灰尘，布幔在门前，随着风摇晃。蜘蛛网一层一层地结着，缠绕着让人窒息。李商隐看着眼前的境况，尽是一片凄凉。

当时的情形，没有什么比生存下来更重要。李商隐脱下了孝服，作为长子，他必须要守孝三年才能从白色中隐去。可他依旧更换上了平时的普通衣衫，谁都知道这样是不对的，但是没有人有权力去责怪这个少年，因为他摆脱了节义的束缚，其实为了承担起家庭的责任，是真正的大孝。

洛阳城东，有一个叫东甸的地方正在统计人口，李商隐跑去入了户籍，可是即使成了这城中的一民，他又能做什么呢。九岁，读书认字、嬉戏的年纪，又有多少工作是他能做的？找了很多地方都没有合适的工作，李商隐开始颓败、沮丧，可是他不能放弃，他感叹自己的渺小，对生活是那样无力。他是一家之主，必须要担负这个责任。挺了挺肩膀，他迈着无力的步子继续找下去。

在当时，印刷术还不是很流行，所幸李商隐写得一手好字，还很有才华，于是他去做了抄书的工作，为别人写写文章、抄抄书信，也能赚得一些小钱，勉强维持生活。

其他闲暇的时候，他还会贩卖舂米，赚些劳动力的钱，来缓解家中的窘况。那个时代，什么都是手工的，没有碾米机，没有给人偷懒的机会，这对于那些穷得只剩劳动力的人来说，其实也是幸福的。

舂米是个体力活，对于年纪尚小的李商隐来说绝不轻松。石臼就是一个被放大好多倍的酒杯，年幼的李商隐都能蜷缩在里面。臼口向上，臼身埋在地下，四周用水泥抹平，上方还架着粗大的木段。就好像一盘秤，那石臼是砣，这木段就是四两拨千斤的秤杆。把未脱粒的米从臼口倒进去，然后一点点转动木段，一下一下地剥落稻壳，就剩下一堆白胖的米粒。

刚经历过动乱，唐朝在繁荣中腐败，在腐败中沉沦。无论朝代更迭几次，百姓依然过着一样的日子，看着日出，看着日落，朝朝暮暮地更替轮回。

哪个母亲不望子成龙，不望女成凤，在那个年代，重农抑商，想要发达富贵就只有登科进士这一条途径，单靠家里的一亩三分地，是攒几辈子，也不能成富贵人家的。

黑夜里，房间内，灯还亮着，那个残破的油灯，为这个穷苦孩子得来不易的时间小心翼翼地散发着光芒。

太阳落了山，正是栖息之时，房间里的人还在继续着作业。知识就是孩子手心里喜爱的果，现在那糖化了，化到心里，化到骨血，甜到生命里。

李商隐没有钱，上不起学堂，请不起教书先生，但他也是幸运的。家里有个堂叔，读书几十年，诗词文章不比学堂先生差。堂叔闲时就教李商隐读书习字，李商隐没了父亲的管教，堂叔就担负起了父亲的职责，对待李商隐严加管教，也要求李商隐为人处世须有分寸。

　　此时李商隐读书，一半是为了梦想，还有一半是为了生活。这已经是一个使命，他承载着母亲殷切的期盼，这个家需要他支撑，需要他光耀门楣。他还承载了堂叔一次次落榜之后的寄托。

　　乃占数东甸，佣书贩春，小小少年郎，历经多少磨难。

寻找和依靠

过水穿楼触处明，藏人带树远含清。

初生欲缺虚惆怅，未必圆时即有情。

——《月》

岁月如河，悠悠流淌。穿过了沧海，漫过了桑田，留下了几许惆怅，湮灭了一些故事。

我们看不到这条河的源头，它却哺育了从古到今的人，波光粼粼，与天上的星空遥遥对望，呼应出一种明艳和璀璨。世事变迁，朝代更迭，汴州早已不复曾经的繁华。这座传奇的古都，褪去了荣光，积淀沧桑的色彩，在这乱世的时光中踽踽前行。

夜已深，还有什么人会清醒着从日暮到清晨？是李商隐，他在遥远的唐朝的某个暗夜里辗转反侧。因为当黎明到来时，他就要离开这个地方，回到自己的家乡。

李商隐深深地体会到一种复杂的情绪，那一丝回家的喜悦触碰到埋藏在心底的夙愿，不会无声地消去，也不会波涛汹涌，在心底缠呀缠，绕呀绕，纠结愁肠。

他一年前从家乡来到这汴州，走了两天的路程才到了这座繁华的城。那时，他还看不懂花红酒绿，没体验过锦衣玉食。而在安史之乱之后，这个曾经的盛世，在经历了巅峰之后，渐渐地颓唐下来。文人、烈士，看不到未来的出路，他们空有满腔的热血，却没有抛洒的土地。那一首首的诗句，一次次的哀伤，也表达不出内心膨胀的愤怒。

当时的李商隐满腹才华，也需要投到他人门下，才能被引荐参加考试，鲤跃龙门，一步飞天。于是，他选择了刺史大人的府邸。

刺史大人复姓令狐，名楚，颇有才华，二十六岁便登进士第。文章华丽、精彩，闻名天下。他曾任职于太原幕府掌书记，御前奏章，德宗皇上总能分辨出哪一卷是他所写，足以见其文采斐然。令狐楚经历了多位皇帝，官职步步高升，名气越来越大，是天下学子梦寐以求要拜的恩师。李商隐叔侄来此，也是为李商隐拜访求学，以求能得到青睐，向主考官推荐，鲤跃龙门，直达圣听。于是，他们一路匆匆，来到了令狐楚的府邸门前。

他清楚地记得，府门前两头石狮，摆放在左右两侧，以一种蹲伏审视的神色看着来往的路人，凶悍地震慑红砖绿瓦外的人。琉璃瓦大门楼，飞檐插空，彩螭雕甍，恢宏壮大。这个瘦弱麻衣的少年，站在这里被漠视以渺小。

十五岁的李商隐，虽已是诗词闻名天下，可那诗中的靡靡之色，怎能与这眼前的繁华相比。他心底还是有些怯懦的，因此在门外踌躇不敢入内。久经世事的堂叔看到这场面，也是难掩唏嘘，他们被府邸威严的气势所震慑。

等到两人终于定了定心神，门外的两名壮汉又成了拦路石。

因为家境贫寒，叔侄两人穿的都是粗布麻衣，李商隐身上的还是一件肥大而发白的，不知传了几辈的衣服，只有脚下一双鞋是新的，那也是为了这次见刺史大人特意买来的。

这威严的王府公侯之地又怎么能够轻易让这两个贫穷的庶人进去，他们只能被推搡着离那金碧辉煌的门庭越来越远。叔侄两人十分急迫，但是两个读书人又怎敌得过以武力为生的两个壮汉。

才华从来不是他们放行的标准。那富贵王侯，即使一丁不识，只要鲜衣华服，他们就会上前恭迎不差分毫。

这一路虽说算不上跋山涉水，但也是经历了艰难，脚底的水泡被磨得越发疼痛，梦想的脚步还是渐行渐远。然而，命运总会给人一些意外的光亮。巧合的是，门内鱼贯出来一群人，前面是一些手拿兵刃的士兵，再就是举着"肃穆""回避"牌子的衙役，最后出来一顶漆黑小轿，浓重而庄严。

李商隐刚要冷却的心迅速流淌出希望，汹涌澎湃。"刺史大人，学生姓李，名商隐，怀州河内人士，与当今圣上同宗同族，寒窗苦读数十年，吟诗背诵，小有诗词数十篇，特来请大人赐教。"

简短的几句话语就把自己的身世道出，又点明了本次来的目的，这样的年纪见到刺史大人，能够条理清晰、不急不缓地说出这一番话，算是不错了。

对于李商隐，令狐楚是知道的，只是没想到他年纪竟是如此之小。李商隐有一篇《才论》让无数才子赞赏，后来居上的《圣论》更是见解精到，真知灼见，更见文采非凡。令狐楚反复在内心揣度着，年少成名，不骄不躁，不气不馁，处之泰然，安之若素，真是不错的少年。

刚要放下的轿帘，又缓缓拉开它的弧度，刺史带笑不笑地看着前面跪下的一老一少。那个老人背着一个蓝布包袱，满面沧桑，却是一身正气，应该也是一个正直的读书人。而年少的那个，身着白色粗麻布长袍，头戴软帽方巾，眉宇间有着不合年龄的沉思，还有着孩子般的纯真。他紧抿的嘴角、微微上挑的眉梢，跳跃着满满的自信。

并不是每个人都能实现自己的梦想，郁郁不得志而终老的人也不在少数，成功都是机会与能力并存的。令狐楚不会随便就向主考官推荐人选，因为一旦哪个庸才是出于自己门下，便会毁了他一世英名，他将无法在莘莘学子中树立声望，在士林之中立足。所以，他的门下可不收无能之辈。

看过递交上来的文章后，令狐楚又看了看下面规规矩矩跪着的两个人，正要让他们起来。这时，李商隐耍了个小心机，他直接说出了"弟子初入师门，与恩师说话又怎能无礼"的话来。这一语便直接为令狐楚扣上了恩师这顶帽子，原本就对李商隐略有好感的令狐楚也不好直接拒绝了。

谁以锦瑟春衰弦 🌿 李商隐诗传

李商隐赌对了，他没有受到大人的怪罪，这些小伎俩虽然有些招人烦，但那其中的小孩子心思，洗清了那一抹黑。

两个壮汉把叔侄俩领入了府中，和蔼可亲简直变了个模样。就这样，李商隐住进了令狐府，拜了这位有名望的人为师，在此地专心治学。

虽有恩师教导，但在他人屋檐下，总是有些无可奈何的事情，然而得失总是能相得益彰。那一年，李商隐缓缓新生，他向成熟和巅峰点点行进，在纷杂的尘世、动乱的年代，浮萍有了心中那一朵莲。

压抑的张扬

罢执霓旌上醮坛，慢妆娇树水晶盘。

更深欲诉蛾眉敛，衣薄临醒玉艳寒。

白足禅僧思败道，青袍御史拟休官。

虽然同是将军客，不敢公然仔细看。

——《天平公座中呈令狐令公，时蔡京在坐，
京曾为僧徒，故有第五句》

时光是美好的，把一个苍白少年雕琢成了翩翩公子。执一把纸扇，着一袭墨绿色的衣衫，在春天里回首，成就最美的年华。

转眼间，李商隐在令狐府中已经停留了将近一年，虽然依旧清瘦，但和一年前相比已然是脱胎换骨。他不再是从前那个卑微唯诺的小人儿，而是温润如玉，犹如兰花在月光下一点点地绽放。

这一年里，他读书、习字，空闲时还和其他人一起赏月吟

谁以锦瑟来裹弦 李商隐诗传

诗。不必再为生计奔波，不分昼夜地忙碌。李商隐很得恩师令狐楚的喜欢，平时宾客宴席也总是让他陪同，并多次在宾客面前提携。李商隐也总是不负厚望，出口成章，文采斐然，既得宾客夸赞，也让恩师很有面子。

然而，烟花易冷，人事易分，人与人之间的情分格外玄妙，即使经过漫长的积淀，也可在朝夕间崩塌。李商隐生存得小心翼翼，隐忍下开心与悲苦，即使恩师对他如亲生儿子一般，他也从不敢奢求会有自由和放肆。

令狐府中，人才济济，名气亦流传在大江南北，所以，李商隐以一介白衣儒生坐在令狐公身旁，也实在是很大的恩宠了，也说明他实在是才能不凡，才有如此待遇。

唐朝是一个开放的朝代，有浪荡的风流。酒无香，不醇，宴无女，不兴。那一日的宴席，依然是欢声笑语。一个妖娆的女子，在一群男人中间，挥摆衣袖，摇曳身姿。清纯的女子，能让男人心中泛起涟漪，妩媚的女子，则能让男人心里涌起巨浪，足以翻涌了船只。女子，是柔韧锋利的武器，妩媚，就是这把武器的灵魂，锋利得可以挥刀斩情丝，也可化为绕指柔，缠绵在心头。

"罢执霓旌上醮坛，慢妆娇树水晶盘。"美好的东西总是让人向往和拥有，客上的男人把目光纷纷投在那女子身上，女子也没显出丝毫不适，是未觉，也是习惯，她继续载歌载舞。

李商隐也是一个男人，在十三为人妻、十四为人母的时代，他的心中对女子也是有渴望的，但他不敢光明正大地、迷恋地看着她。这是恩师府中的女人，而他，说白了也只不过是一个寄住人，那女子，也只能是他生命中的一个过客。

扯出心猿意马的念头，抛却那些想入非非，他在努力地酝酿，投身到另一个境界，留着躯壳，让灵魂安定。李商隐想要赋诗一首，他想要赞美一下那个美丽妖娆的女子，也记录此刻无名的酸涩滋味，便才有了那句"更深欲诉蛾眉敛，衣薄临醒玉艳寒"。

他记得，这个女子从前是一个道士，手执霓旌，祷神祭醮，徘徊在人世之外，远离世俗的纷纷扰扰。她在佛前吟诵，青灯燃尽，却一甩拂尘，踏入山门之外。

在唐朝，道教发展得如火如荼，许多人都把入教当成一种时尚。一些女子，尤其是上流社会的女子，就连宫中的公主也都自愿入道籍，过着一种逍遥又自在的日子。

这个女子曾过着逍遥的日子，为何如今要褪下道袍，披上蝉翼艳丽的薄纱，在众人面前卖弄风情，上演不知所谓的内容？或许她也只是一个普通女子，憧憬浪漫的逍遥、无拘无束的自在。自由是方的，是圆的，只是固定面积的活动范围。她没有显赫的家世，也不是金枝玉叶，梦醒之后还是要面对现实。收拾起不切实际的幻想，对镜贴花黄，佳人巧梳妆，拿着一方绣着大红牡丹的手帕，她风姿摇摆地来到令狐府，凭借着出色的外貌和玲珑的歌舞才艺，在这幕府之中做一名歌舞乐妓。

"白足禅僧思败道，青袍御史拟休官。"这里面的白足僧，指的是京师才子蔡京，晚唐官宦名士。蔡京早年间曾是一名僧徒，

谁以锦瑟奏哀弦 李商隐诗传

后来在一次偶然中碰到了令狐楚，被发掘出才能，才离了佛家还俗，在令狐楚身边做一名幕僚。

佛家大慈大悲，座上莲花出淤泥而不染。传说，鸠摩罗什的弟子昙始双足白皙，终日赤足，即使在淤泥里走上一遭，脚上依然白净如昔。白足僧的说法也正是由此而来，美好的传说有美好的寓意。也是因为这样，蔡京做了李商隐笔下的"白足禅僧"。

那位青袍御史，应该就是刘蕡了。他曾在晚唐奏了一曲悲歌，从闪亮发光的珍珠，最后碎成粉末。刘蕡在科举考试中，痛斥宦官专政，主张罢黜宦官，录有用之才，改革朝政。这一番言论在那时不可谓不胆大，老虎头上拔毛，惹来祸事连连，主考官虽然赞赏他，却也是无能为力，最终他只得落榜，让无数人为之扼腕兴叹。

令狐楚欣赏他的刚正不阿、直言不讳，让其进了幕府，虽然如此，他仍然无法逃脱宦官的迫害，最后以死亡收场。

同在令狐府里，李商隐与他们确实不同，他们是客，是座上宾，而李商隐是个穷小子，只是因为有些才华，才能在这里读书，算不得什么成就。一字一句，勾勒出那个即使翩翩如玉也只是浅笑轻抿的少年，用一种尴尬的地位，游走在觥筹交错之中，有隐隐的自卑和压抑的张扬。

虽然同是将军客，不敢公然仔细看。在诗句之上，品酒色席宴，文字之外，有一人在惆怅感伤。

无人知君心

嫩箨香苞初出林，於陵论价重如金。

皇都陆海应无数，忍剪凌云一寸心。

——《初食笋呈座中》

陆才如海，潘才如江。滚滚长江东逝水，打开历史的卷轴，蔚然屹立在历史的画布上独树一帜、才情并重的李商隐是一幅最鲜活的画面。时光荏苒，岁月如梭，却流不尽那金色的岁月。漫步在那岁月的长河，数不尽的千古风流人物，道不完的悲凉和沧桑，这落寞的背后，几人心酸几人愁。

月如钩，晓风残月，雾气浓重，已经看不清什么花花草草，在几点灯光的闪烁下，依稀看得见迎面而来的一个俊俏脸庞，五官分明，像是被精雕细刻过一般。

那个少年跪在一间房门外，苦苦地等待，眼波流转间，是一抹悲凉。夜深露重，他却跪得笔挺，一点不敢马虎，也未曾有过困意。像是对待一个位高权重的人鞠躬下跪行大礼，又像是一个犯了错的小孩子，在祈求父亲大人的原谅一样。

"今晚侄儿的行为太不成体统！侄儿不孝，忘却了堂叔的教诲！堂叔，你骂我打我都行，只是不能让我离开令狐恩师啊！"

他的声音里藏着苦涩和后悔，夹杂着丝丝的哀伤，带着些许的恳求。泪水漫过了他俊美的脸颊，簌簌地落在衣衫上。落寞的神情，悲伤的心境，让他在本该梦寐的时刻，却无半点睡意。

那扇门始终没有为他开启，他就这样一直不曾离开，旁边还有两个和他差不多大的少年做伴。长夜漫漫，寂寥无奈，他们劝慰不成便躺在他的旁边睡得正酣。夜深人静，孤灯为伴，点点闪烁的灯火就是他的朋友，他一直等在门前，像傲雪而立的寒梅，刚毅决绝。

随着时间的推移，雾气已经渐渐变淡了。只是这房门依旧是重重地关着，没有一丝的声气，死一般的宁静。他依然跪在那里纹丝不动，腿脚虽然已经和他做起了激烈的抗议，不断地抽搐酸麻，肿胀的感觉由腿上心。可是他依旧一动不动，生怕自己的一个微小的活动打搅了房门中人的休息。他始终坚持着，并坚信自己的真诚会换来房中人的原谅。

房门中的灯早早地就已经熄灭了，他却遥望等待，只求哪怕给他一个解释的机会也好。可是，他的期待并无回应。

夜色浓重，有人笑他痴，有人笑他傻，那片真情只有李商隐一人知晓。

夜，让人浮躁，他依稀记得刚刚发生不久的事情。

"含娇含笑，宿翠残红窈窕，鬓如蝉。寒玉簪秋水，轻纱卷碧烟。雪胸鸾镜里，琪树凤楼前。寄语青娥伴，早求仙。"他心悠然，好歌好舞好歌喉，便吟唱起来温庭筠的词曲来，在宴席间赢得阵阵喝彩和调笑声。

　　这声音来自令狐楚大人家中的客房院中，令狐家的三个公子也在其中。有歌有酒有姬，大家都在欢饮之中，气氛融洽得再好不过了。酒酣处，每一个人都很尽兴，只是这歌声笑声惊扰到了在客房的李商隐的堂叔。令狐楚大人收留了专事花词淫语的"温钟馗"这等浪荡子，他十分担心李商隐会学坏。听到了他的笑声，他急忙披衣下地，来到了声音的来源处。

　　夜色正浓，每个人尽情地挥洒着内心最真实的欲望和感受。温庭筠见李商隐开了金嗓，于是便要求他自己来填一段词。酒意正浓，平时无法流露的情感，在这一刻迸发，李商隐浑身血液沸腾，诗意大发。

　　这一刻，李商隐已经全然忘我，更是忘记了尊卑，他已经忘了要收敛自己的情绪了。这一刻，没什么高贵与卑贱，只有以文会友，欢欣而笑。这一刻，他只想要真实地表达自己内心的感受。

　　在没有填词之前，温庭筠在他的耳边轻轻地呢喃："商隐兄，要符合现在的情景啊！"

　　李商隐醉了，但是头脑越发清醒了，心里的表达欲望汩汩涌动出来。那一刻，他是骄傲的，是自信的，于是填词一曲，名为《杨柳枝》："暂凭樽酒送无憀，莫损愁眉与细腰。人世死前唯有别，春风争拟惜长条。"

一曲毕，引来了众人一致的喝彩和认可。夜，让人多了一分遐思和浮想。

时代不同，思想的底线也不一样，李商隐是一个思想上的开明者，一个敢于创新的开拓者。虽然在那个时代饱受争议，可历史的大潮不断地更迭起伏，成就了现在最宝贵的珍品。"皇都陆海应无数，忍剪凌云一寸心。"虽然空有满腹经纶、治世之才，却无处施展拳脚，层层叠叠的惊涛巨浪，都是李商隐面前最真实的障碍。

大家在酒宴上玩得正兴起的时候，只听见李商隐的堂叔那夹杂着恨铁不成钢的心酸的斥责："孽障！"看着李商隐如此颓废堕落，他很自责，他后悔自己带他来到这里，居然让他染上了这种恶习。

在那个把性爱视为不思进取的毒瘤的时代，李商隐连表达自己的思想都是一种奢侈。

"孽障，孽障，孽障！"伴着掌声的落幕和亢奋的骂声，李商隐的堂叔吐了一口血，之后晕厥过去。

此情此景，众人哑然。李商隐急忙跑过来，酒意也醒了大半。他连声叫着堂叔，眼角流下清泪，是悔恨，是担心，是痛苦。

堂叔醒来后发现自己居然在侄儿的怀里，就胡乱挣扎着起来。他的情绪很激动，之前因为想到李商隐是光大李家唯一的希望，却这么不争气，染上了这种腔调的风气，担心他难以担起大任。后悔和担心，让他不由得急火攻心，痛不欲生，才会突然吐出鲜血。

堂叔觉得一切都没有希望了，一气之下，打算带他离开令狐府。

"堂叔，不能走，恩师正教我今体文写法。"李商隐不想离开这里，可是堂叔下了死命令。李商隐要表达自己的心，却有诸多不如意，世事纷扰，唯自由难寻啊！他并不是不听堂叔的话，他知道堂叔对他如再生父母，今天他只是放松一下，由于写的是内心最真实的感受和思想，是诗歌力量的精髓，他的才能在那一刻发挥得恰如其分，可堂叔觉得这是淫词滥调。

"嫩箨香苞初出林。"李商隐就如这刚刚脱壳的嫩笋一样，朝气蓬勃，生机盎然，有着凌云之志，内心深处有着自己独特的思想，可是这思想被扼杀在新生的路上。李商隐不想这样半途而废，只是堂叔的话他也难以拒绝。李商隐左右为难，进退维谷，内心纠结不能自已。在这里，他收获了许多，恩师每日教他撰写章奏文字，如今一走了之，怎么对得起恩师的授业之苦呢。

李商隐反复在内心思虑，既然入了师门，现在未经恩师允许，怎能擅自离开，再加上他现在四六骈体文写不好，将来如何写章奏文字，如何做官？这是关系到前途的大事，他不允许自己轻言放弃。

李商隐跪在紧闭的房门外，不再淡然。惹得堂叔如此生气，他羞愤难当，可内心也是隐隐有些不服气的。吟唱诗歌不过是年轻人的欢快爱好，鼎鼎大名的诗仙李白也是终日饮酒，醉得一塌糊涂，"天子呼来不上船，自称臣是酒中仙"，何等洒脱与自在。

这样的人，他的诗作不也是流传千古，后世称奇吗？

他即使听曲，还饮酒，但他不会堕落。终有一日也能金榜题名，光宗耀祖，流光璀璨。然而，风轻云淡夜，无人知君心。夜色朦胧下，只剩下孤零零的灵魂在旷野里游弋。

昏暗的灯光在温庭筠等人走后，也渐渐地淡去，剩下的就是残存的黑暗。浅浅的夜空中，只有更夫像是夜里的鬼魂一样，在黑漆漆的夜里，孤寂地游弋。

五更的梆子声响过。白茫茫的雾气从汴河上冉冉升起，渐渐散开，使整个汴州城陷进茫茫的谜中，不可知，不可解。

刺史府里的雾气似乎是从翠竹园飘来的，带着冰凉的水珠，很快把屋顶打湿，房檐开始滴下水滴，像下起了毛毛雨。

李商隐独自等待着第一缕晨光的降临，等着堂叔的训斥，等着堂叔的原谅，内心愁肠百结。千丝万缕，剪不断，理还乱，别是一番滋味在心头。

堂叔背着一个布袋走了出来。李商隐不住地给堂叔叩头，不断地承认自己的错误，希望可以改变他的心意，可是堂叔去意已决，无可挽回。李商隐也想和堂叔一起回老家，却被堂叔狠狠地训斥了一番。

李商隐自知是李家的希望，虽然和大唐皇帝李氏同宗，可是现在的没落和凄惨，没有人会记得他和李氏皇帝有什么瓜葛。他还有老母亲和妹妹，她们正等着自己考取功名，赚取俸禄，为朝廷尽忠，为百姓谋福利。不能这么自私，就这么离开，他不能。所以他只好跪着看着堂叔离去，心里五味杂陈，百感交集。

堂叔痛苦地说完最后一句话，转身走下门前台阶，再也没有回过头。

一抹相思泪，寄别堂叔情。他默默地流下了清泪，感觉如此心酸难耐。

李商隐跪在地上，对着堂叔的背影，想说："堂叔，侄儿一定记着您老的教诲！"可是他哽咽着，似乎有什么东西掐住了自己的喉咙，一句话也说不出来，只有泪水像是断了线的珠子一样，一发不可收拾。

淡淡雾气笼罩的刺史府衙，充满了一股血腥的味道，直到辰时，才淡淡褪去。在送别了堂叔后，李商隐在同门兄弟七郎和九郎的搀扶下去往翠竹园休息，他的神情恍惚，面色惨白，似乎是丢了魂一般。

途经惜贤堂，他被恩师令狐楚叫住了。由于堂叔的事情，李商隐现在好想有一个人提供肩膀，让他可以靠着哭诉衷肠。堂叔离开了，恩师就像是他的父亲。"一日为师，终身为父"，他时刻谨记在心。只是他并没有这个机会去这个"父亲"的怀里得到任何的安慰。对方送给他的只有几句精短的话，至于什么意思，就交给他自己体会了："劳其筋骨，苦其心志，乖逆情欲，然后，则可成就大业，万不可浅尝辄止。"

老师就是老师，怎么会像父亲一样呢！没有人有义务在乎你的。乱世之中，有的是权力和欲望，有的是地位和尊卑，没有什么真心的感情。

世事凉薄，恩师的好心收留已经让他十分感激了，又怎敢奢望其他。只有更加努力，有所成就，才不会这样庸碌地过一辈子。老师的教导他也铭记于心，只是对于乖逆情欲他并不是十分理解。

对于那晚的饮酒吟诗，李商隐心里还是很怀念的，特别是那个有倾国倾城之貌，说话声音如黄鹂鸣唱的锦瑟姑娘，让李商隐很动心。

女子生在那个乱世，面容娇媚，又弹得一手的好瑟，真心让人疼惜。只是乱世之中，很难有人真的怜香惜玉。貌美如花，才华横溢，这种风情女子，哪一个文人墨客不爱呢？李商隐自然不例外，但欣赏不一定非要拥有。年少懵懂的李商隐，心里萌生了一层浅浅的情愫，心海里激起了一片涟漪。

李商隐身上的担子很重，他不能像那些公子们一样逢场作戏，可以闲暇娱乐。他内心虽然光芒万丈，热情似火，可是没有平台，总是被浇灭，甚至还没有新生就已经胎死腹中。

他抬头，蔚蓝的天空，一片澄澈，洁净如洗，天空不再是灰蒙蒙的，可自己的天空在哪里？

李商隐决定好好跟着恩师刻苦学习，争取早日考取功名。只是不知道老母亲是否安好，妹妹是否安好，堂叔是否安全地回去了……他的心中有太多的牵挂。忧心如他，勤奋如他，每天都会把恩师教授的一切都弄得明明白白，了然于胸，从不会浅尝辄止。

但是，堂叔的离开让他的心变得很乱、很迷茫。路途漫漫，时间像沙漏一样，不停地往前追赶着，想想自己没有一点光和亮的前途。他长长地舒了一口气，叹息了一声。这是内心最浮躁的悸动。

　　他内心的苦，内心的愁，没有人会懂得，即使有人懂得，或许也没有人会愿意走进他的内心。淡淡的哀思，浅浅的叹息，只有自己听得见内心的挣扎。悠悠天地间，最难懂的是人心，最难交的是真心。

最痛是死别

燕雁迢迢隔上林，高秋望断正长吟。

人间路有潼江险，天外山惟玉垒深。

日向花间留返照，云从城上结层阴。

三年已制思乡泪，更入新年恐不禁。

——《写意》

从呱呱坠地，到牙牙学语，人生就是一把戒尺，分阶段地训斥，在每一段人生，都让人得到一种领悟。

人间路有潼江险，李商隐的人生路也是多磨难、崎岖、坎坷，用心酸和苦痛来奠基，无奈却总是碍着前行，但他在坎坷的途中从未放弃。

那一年，堂叔病重，李商隐离开了令狐府，那个庇护他，给予他莫大好处的地方，他必须要割舍。授业恩师固然重要，功成名立亦不可缺，是金子总是能发光的，失去了再夺回来就是。但是生命只有一次，错过了，就是几世的轮回，忏悔几生都是无用的，遗憾是一辈子的事情。

树欲静而风不止，子欲养而亲不待，这是从古到今多少仁人志士发出的无奈感慨。功名利禄何以取代亲情，归心似箭的他离开刺史府，来到汴河岸边，柳枝轻拂，河水翻滚，一浪高过一浪，向远处天际奔涌。就这样，李商隐错过了人生中第一个通向辉煌巅峰的机会。

这时候，李商隐已经在恩师的帮助下取得了乡贡的资格，马上就要入京考试了，如果一朝得中，那么入朝为官的日子也就不远了。

恩师虽然有些惋惜，但也是赞同的，礼义廉耻，知恩图报，堂叔对待他犹如亲子，父亲病了，儿子哪有不回去探望的道理。李商隐的堂叔真是一个多才的人，古文、书法皆有造诣，小说、经学也是精通，虽不像曹植七步成诗，但经史典故也是信手拈来。

堂叔从李商隐小的时候就开始教他读书，还有他年幼的弟弟。堂叔虽然一视同仁，但是对待李商隐是不同的，那个寂寞又清傲的少年，总是需要多一点关怀，多一些疼爱。

堂叔和大多数的读书人一样喜好藏书，家中有很多好书。藏书的地方，就成了李商隐的天堂，每当有空闲的时候就埋在里面不肯出来。李商隐就像一块干涸的土地，急需大量的知识来浇灌。

日子虽然艰难，但是有了堂叔的爱护和这些书的陪伴，李商隐甘之如饴。艰苦，却温暖，贫穷，却精神富有。堂叔对李商隐的恩情重于泰山，这辈子，就算压弯了腰，能回报的也只能是沧海一粟。这样的恩情怎能忘，这样的堂叔如何弃，舍掉了生命都可以，更不要说那未知的前途了，没了家人，纵是金箔满地，又与何人分享。

辞别了恩师，李商隐义无反顾地回到了家乡，在府中相识的一些人听到他要离开的消息，也纷纷来劝解。他们只知道分清利弊，可是不在己身，难懂人心。人世白云苍狗，未来总是让人向往，终日做着美好的梦，等着霓裳羽现，顶戴花翎。

"欲取鸣琴弹，恨无知音赏。"世上没有两片相同的叶子，错过了，就不会再有补上的机会。要把握今朝，今朝的人，今朝的事，李商隐回到家的时候，看到那个总是挡在自己前面的坚实身躯如今因为病痛的折磨而萎缩，慈爱的笑脸也爬满了皱纹。

堂叔是欣慰的，这个孩子还是这样和善慈软，当初在令狐府的担心是多余的，他教出来的孩子怎么也不会变成那样的浪荡子。心里的那座山塌了，李商隐当即跪倒在床前大哭起来。

堂叔的病很是严重，终日都要吃药，李商隐就守在病榻前端茶倒水，照顾周全。他给堂叔讲自己在令狐府的事情，讲堂叔走后自己怎样深刻反省，怎样勤奋苦读。有时候，他还会吟诵几首新作让堂叔点评。叔侄俩还偶尔议论朝政上的事，各抒己见，虽然有时候会有分歧，但都是微风和细雨的差别，锱铢必较间也是和煦温然。

他每每在病榻前欢笑，转过身去已是泪流满面。看着堂叔一日日地衰老，李商隐内心的火烧得煎熬，无可奈何地悲怆。而面对这样的现实他能做的，却只是让床上的人多一些欢笑。

陪伴了一年后，堂叔离世了，年仅四十三岁，他在李商隐的世界里像风一样离去。

堂叔在世的时候，在生活上总是接济李商隐一家，旁人看这一家子没了男主人，生活艰难，唯恐避之不及。只有堂叔添柴送米，就像那冬天里的一把火，烧得他们一家人心头暖暖的。李商隐的学业也是堂叔一手教出来的，堂叔年轻的时候上过太学，但怀才不遇，最终没能进朝堂做官。但他博学仁德，仁义正直，是个品德高尚的读书人。

堂叔离世，让李商隐的精神世界轰然崩塌。他终日昏沉，病了好些天，才强撑起来，为逝去的堂叔写下了祭文。

"某爱在童蒙，最承教诱。违诀虽久，音旨长存……追怀莫及，感切徒深……曾非遐远，不获躬亲。沥血裁词，叩心写恳。长风破浪，敢忘昔日之规；南巷齐名，永绝今生之望。冀因薄奠，少降明辉。延慕酸伤，不能堪处。苦痛至深，永痛至深！"

凄清，哀婉，痛失了一切，怎样痛哭流涕也表达不出来。死别这个事实，就像晴天霹雳，砸在了李商隐的头上，砸得他头晕目眩，迷茫得看不清方向。他朦胧地记得什么，却又恍惚什么都不知道。李商隐身体本来就很虚弱，如今突遭此境遇，更是郁郁寡欢了。

在床上昏沉了好几天，他多么想就一直这样沉睡下去，那样就不会记得悲痛，不会记得至亲至爱的堂叔已经离开了人世，从此再也不能出现在他的身边，鞭策他，包容他，关心他，像父亲一样爱护他。

他还记得有一次赶路，在一片空旷的土地上铺盖了一层白骨，有的还粘连腐烂的肉，年幼的李商隐吓坏了，这个平日里连杀鸡宰羊都不沾手的少年，看到这腐肉白骨他不禁联想，生前要如何，死后才这样魂归无所依，在这荒野守着大片大片的寂寥。

战争，伴随的就是死亡，一将功成万骨枯，多少红颜悲白发。堂叔告诉他，这是无可避免的，乱世之中，安稳度日是如此艰难，功成万骨，红颜白发，牵系的也只是一两个的命运罢了。无法选择命运的人，就注定只能被别人主宰。

年幼的李商隐在那时候就隐隐下了一个决心：一定要功成名就，做个富贵人上人，干一番大事业，保护身边的人，帮助那些被命运变成了木偶的人。殊不知，兜兜转转，李商隐的一生都被别人牵着。小的时候因为母亲、兄弟姐妹佣书贩舂，后来被令狐楚恩师指引经历科考风云，中了皇榜亦只能在派别斗争中，如浮萍般摇摆，始终定不了根，形不成自己的造型。

有人说，很多事不能强求，命运这种东西是随机的，我们谁也无从知晓自己抽取的是长命百岁，还是坎坷年华。当它来了，我们随遇而安，守着安宁岁月，静好一生。做一朵从容的莲花，在群花艳丽中陡然绽放，以与众不同的美，折煞世人，守候最后一片花瓣的飘落，再一点点归于泥土，留下若有似无的芬芳。

李商隐的情感是炽热的，火一样地燃烧，熊熊的大火，不温暖别人，最后就只能燃烧自己。

他被无法释放的感情囚困着，折磨得下不了床，有的时候躺在床上想，人都有一死，也不知前程如何，如今活得如此艰难，那活着还有什么乐趣。

这个念头一发不可收拾，长大的青年才俊看破了红尘，不念青灯古佛，没有绮丽梦幻，终日行走在灰茫茫的雾色之中，没有勇气选择死亡，那就沉沦吧。那个刚要翩翩崛起的少年，还未远翔，就丢了翅膀，踉踉跄跄前行。

科考路难走

长长汉殿眉，窄窄楚宫衣。

镜好鸾空舞，帘疏燕误飞。

君王不可问，昨夜约黄归。

——《效长吉》

　　浅浅淡淡如是，三千宫女胭脂面，几个春来无泪痕！眼泪的存在就是证明悲哀的无奈。天涯沦落，诗才高绝，更兼一颗忧愤孤心、一腔烟絮愁怀。对这人世有如此刻骨铭心的体察，李商隐的境遇，和李贺如此相似。

　　百无聊赖，借流水寄予禁宫之外的有情人。悠悠寸草心，系着山河泪。宫女的怨，多么惹人萦怀牵念。她们被精美的牢笼锁着，怀想着禁宫外的烟火岁月和寻常爱情。独有李商隐这出格的一句，是一把反叛的火，在夜色里妩媚且野性地跳跃着，使人性为之复苏闪亮。高居庙堂的君王虽皇权无边，可人心是无法抚平的，一个小小的寂寞宫女就悄悄背叛了他，多么可笑的讽刺！

她是一个宫女，有着昭君的长眉，和楚王所爱的细腰，更兼肌肤胜雪，娇柔妩媚如弱柳扶风。此刻春日迟迟，宫中花树香薰，甲帐闲垂，她懒懒靠在雕栏上，身后铜镜上的孤鸾在春光里寂寞独舞，一只春燕误入疏帘闯入空荡荡的屋子，惊动了这满庭寂寞春深。

李商隐的这首宫体诗，艳极，却是冰冷的，仿佛幽幽的风穿过了屋宇，卷起帘幔和宫女额前的发丝，一直幽幽地吹进人心，最终变幻成一场梦，妖媚、暗沉，且孤寂。

这次科考受挫，感觉荒唐至极！这蛮横无理、漏洞百出的制度，虽抵抗不了，却是可以被嘲讽和诅咒的。李商隐蘸着浓墨，把这愤懑之声在笔端揉了又揉，极艳极媚，极冷又极重地写下了《效长吉》。

在历史的书案里，我们不难感觉到李商隐的气息，悲凉凄楚，无人明晓他内心的空虚和无奈。

那一年，春花正好，星光烂漫，万物复苏的季节，人们满怀着梦想，在春天播种希望的种子，殷勤地以智慧来灌溉，一点一滴地饲养自己的梦想，即使满怀焦虑，也要一丝不苟，安静从容地为梦想付出努力。

李商隐在恩师令狐楚的门前徘徊了很久，他渴望恩师的帮助，却不知该如何开口，用怎样的姿态恳求。寒窗苦读，岂是三年五载之朝暮。科举三年一次，人的一生纵是平常寿命也要一甲子，届届参考，又怎么会有不成功之理。

旁观人总是理智而无情的，能把别人分解得七零八碎，还能引经据典让人哑口无言，而当局者，却只能将所有的知与不知的痛，打碎了牙也要咽下去。

莘莘学子，拥挤在科举这座窄桥之上，拥挤的人群中有人前行，有人被挤得退后，还有可怜地坠入桥下湍急的水中。科举就是一个刽子手，功名是散发诱惑气息的饵，明明是咫尺之间的距离，一伸手就够得到，明明是这样的不公平，明明是这样的简单，有的人实力足够强悍，拿到了丰富的礼物，有的人在伸手的刹那就没有了回头的机会。因为博得功名，不单单是靠自己的力量，还需要上面有一个人为他拿着那把刀，才可以安然地走向仕途之路。

每一次科举的考场，就是一次残酷的精神刑场。惨淡收场的人，看似没有什么损失，却已经在灵魂的世界里经历了一次生死。这一切，李商隐都懂得，但是现在已经没有回头的路了，他不能输，他不是只有自己，他的背上有着死去的堂叔，在家焦急等待的母亲，还有许许多多认识不认识的人。如今，他已经没有退回去的力量，即使有刀光剑影，他也不会更不能退缩。

徘徊了许久，终于站定在门前，李商隐深吸一口气，大步向前，就那样直挺挺地站在了恩师面前。他的心思昭然若揭，已经全部摆在了脸上，喜悦里掺着隐忍，勤奋中还有不甘。令狐楚这个明眼人又何尝不懂，他是个爱才之人，又怎忍心让这最纯洁的心思被玷污。

窗外一轮明月悬挂高空，皎洁的月光洒满了整个庭院，圣洁的光辉，有些空旷，有些寂寥，有些遥不可及。屋内的两个人各怀心思，一个是十头牛也拉不回来的决心，一个是犹豫不决，欲诉不能语的伤感。

房间里一片寂静，窗外的蝉鸣也仿若知道屋内的人在进行怎样的纠结和等待，只在一旁守候，生怕误了谁的心意，错了谁的人生。

当李商隐迈出房门的时候，以为天亮了，其实是还和来时一样，月光依然透彻清亮，夜晚的树林格外静谧，安静无言却令人心悸、恐惧。

这个等待，仿佛耗尽了他半生的心力，当恩师点头的那一刹那，绷紧的那根弦乍然放松，碰出喑哑嘶鸣的颤音。

即使党争不被最敬爱的恩师看好，他也义无反顾地前行，无论结果怎样，总是争取过，才有可能得到。收拾了行李，终于踏上了这一步，前面是万丈深渊，后面是龙潭虎穴，李商隐只能小心翼翼地行走在自己的人生路上。

唐朝繁华的都城，如巨龙盘旋，无数雄鹰在这里起飞。人如流水马如龙的景象，自然不是李商隐的来处所能相比的，尤其是在科考期间，这里更是人潮拥挤，到处能看见一些书生，进行着各种天差地别的行为。有的是一身正气，抱打不平，有的人惹是生非，还有人道貌岸然，做了不少给天下人丢脸的事情。

经历了世事沧桑的李商隐并不会不顾能力帮助别人，量力而行，才不会误己，也不会给了人绚丽的希望，又让人从天堂坠落。

无论是在人声喧闹的白天，还是灯光璀璨的夜晚，有一个人一直在努力地奋斗，虽然默默，但他相信总有一天，他会凭借自己勤奋的汗水一鸣惊人，衣锦还乡。

李商隐渴望为官，并不只是因为他有浓重的爱国情怀，也是为了理想，为了家人，当然更重要的是为了自己。幼时便已名声在外，但是他不能在别人面前骄傲地仰着头，因为他很贫穷，虽然有着皇族的血缘，却只是一介布衣。

当试卷发下来，李商隐激动得几乎欲落泪，这是人生的转折，他坚信自己势必会走向一条繁华之路。于是，他开始挥笔书写华章。

转眼，春试已经过去了，李商隐还住在客栈，焦灼地等待放榜。他的内心先是自信的，然后才是有点惧怕。他一直相信自己的能力，虽不是通天之作，但也不算是凡夫俗品，每一句、每一字，都是自己斟酌再三才落笔的。

考试刚过，李商隐虽然心中依旧忐忑，但还是有兴致到外面，看一看这个不同于家乡的繁华城市有一种怎样的文化积淀，蕴藏着怎样的美丽风情。

本就是不大的年纪，又卸下了科考的包袱，他就像是没了缰绳的小马驹，自然是更加欢快地奔跑撒欢，很是过了几天逍遥自在的日子。

晴天霹雳，总是来得迅猛，避无可避，只能生生承受那威猛的破坏力。前一阵还在赞叹风光美景，等到发榜的那一刻，他便如穷困潦倒的病汉，手里拎着酒壶，无休止地酗酒。他感叹道：自己真是愚不可及，愚不可及啊。

前几天还听见别的才子说打点的银子没送出去，担心会名落孙山，有些人还扬扬得意，大树底下好乘凉，巴结巴结主考官，考中就是囊中之物了。当时的自己满怀信心，感叹这些人的无知和愚昧，如果真的有才能，怎么会不高中。现在他知道谁才是那个愚人了。

他那最初的热忱，对于以后要振兴自己家族的理想，随着他的落榜，都暗淡了。让他不免想起了李贺，似乎他们之间总有着千丝万缕的联系，难以割舍开来。

仕途路，是荆棘丛生的漫漫长路，只是没有人明晓这份心酸，冷暖自知的年代。乱世浮华，悲伤再现，总不能遂愿，圆梦。

"君王不可问，昨夜约黄昏。"落暮的竹叶总是苦涩的，悠悠流淌的溪水，畅快游荡的鱼儿，是悲是喜，是苦还是甜。苦苦追寻的，在路上的，在途中的，冷暖唯有心知。夕阳西下，那一抹红，是谁的身影？是谁在叹息，谁在欢喜？是梦亦是幻，君王不可问，此情难再续……

科举再折戟

人欲天从竟不疑，莫言圆盖便无私。

秦中巳久乌头白，却是君王未备知。

—— 《人欲》

那一年，长安城风采依旧，人们依然在为吃的穿的忙碌奔波，贫穷与富有，高贵与卑贱，活得相同，却又不同。平凡的人，无论是怎样的出身，怀着一颗简单的心，顺其自然地活，不是懦弱，只是天性使然。逆来顺受那就另当别论了，大丈夫能屈能伸，但威武不能屈，贫贱不能移，这是一种骨气，深深融入骨髓。我们不必睚眦必报，但是以德服人，我们不能逆来顺受，最底线的东西是拼了命也要争取的。

李商隐是个平凡人，有少许懦弱，有一些骄傲。在困境中，他迷茫过，也挣扎过，也曾执着不悔，或许也怨天尤人过。这一次，他感受到了一种刻骨的绝望。他不知是怎样走回家中的，这一路脑袋很是混沌，一晃就头疼。他只记得到家了，茫然地看了看年迈的母亲，又无神地看了一眼弟妹，然后就什么都不记得了。

他只想躺在床上，就这样一直睡着，什么都不思考，没有痛苦，只让意识慢慢地飘散了，好像自己不是自己，什么也不是，才能缓解那极致的痛苦。

他仿佛与灵魂失散，活脱脱的像个木偶人，这样中了邪似的他吓坏了家人。即使母亲下了血本去请有名的大夫，也是无能为力。因为心病还须心药医，如果他自己解不开心结，那天山雪莲、千年人参也是毫无用处的。

一趟功名路，却落魄归来，好好的孩儿，如今却是一副半死不活的样子，这让母亲心中悔恨交加。悲痛儿子名落孙山，功名无望，却也悲愤他的软弱，只考了一次，就像丢了大半条命，以后的生活将何去何从。母亲虽是又气又悲，到底还是自己身上掉下的肉，那种血脉相连的神奇感，微妙地牵系着彼此。这世上，哪有母亲不爱自己的孩子呢，即使对方痴傻或者疯癫，那也是心头的宝。

李商隐终日躺在床上昏昏沉沉的，饭也不吃。总不能就这样饿死，于是家人每日三次喂水，一整碗的水，喝进去的还不如洒得多，甚至都没有家人流的眼泪多。

不吃饭，那是修仙人做的，而李商隐毕竟只是个凡人，几日下来，原本清瘦的身体变得更加孱弱了，只剩下皮包着骨头。

李商隐听见了哭声，他知道谁在哭，也知道为什么哭，却仿佛被闭塞了感官，只能看到游荡的自己。

这样糊涂了几日，李商隐忽然听到有人说要去找恩师，他这才清醒了片刻。恩师教导他读书习字，又事事照拂，如今怎么能因为自己再去烦扰恩师，让恩师知道他的弟子多么不成才呢。

令狐楚的儿子八郎令狐绹在这次科考中中了，并被授予了弘文馆校书郎。当这个消息和李商隐落榜的消息一起传回家时，令狐楚呆愣了很久。他一直在书房里，然后突然唤来了湘叔——令狐家的管家，让他去把李商隐找回来，心说，那个倔强又自信的孩子说不定会怎样伤心呢。

这个老人很是喜爱他的弟子，那个人总是摆出谦虚的表情，偶尔又自傲得过头，像只华丽的孔雀展开尾巴，炫耀自己的羽毛。令狐楚突然很想那个孩子，还记得初见时他内心胆怯又装出一副镇定自若的样子，这几年在府里，生活得好了，也不再像从前那么瘦弱。以前他脸色苍白、身体瘦弱，好像经不起大汉轻轻推一下。

还记得李商隐离开时，怀着隐忍的喜悦，整个眼睛瞬间像珍珠一样晶亮，这个美好的少年，虽然受了很多苦，还是太过纯良，对很多的人世险恶却不明白。

"袖里新诗十首余，吟看句句是琼琚。如何持此将干谒，不及公卿一字书。"这首诗是白居易创作的，意思是无论文采如何，文章怎样，也比不上公卿的一纸书信。

琼浆玉液，没有那装盛的夜光杯，也无用武之地，才子伟人，古今才子多如是，又有几个功成名就，成一番风云事业。

千金易得，伯乐难求。令狐楚不是不想给李商隐去寻些门道，只是如今党争之激烈，一言一语都关系着身家性命。儿子，八郎、九郎都顺利地中第，被封了官，偏偏自己喜爱的学生却名落孙山，他不缺才华，差的只是那一卷行书。

可怜李商隐，念恩师情重，多年陪伴，换不来那一纸半言。心中虽无怨恨，总是徒添了许多伤悲。毕竟别人没有义务必须为自己做什么，自己能在别人的庇荫下生存，却不能失了自己的根。

令狐楚的确是把李商隐当作亲生儿子来对待的，但不是所有的父亲都能很细心。他原本想着，自己的学生才华横溢，没有几个人能比得上，没有自己那一番言语，高中也定不是难事。再说，堂堂刺史大人，也不能为了一位学生向别人低声下气，门生众多，要是一一关照，脸面岂不是都丢光了。令狐楚甚至也可以义正词严地说，他连自己儿子的考试都是没有帮忙拜谒的。

那年的主考官是贾𫘨，本来和令狐楚是不相识的。因为在曹州犯了杀人的罪，被关押在州衙，已经被判了死刑。正好，那时候曹州归天平军管辖，就是令狐楚所能做主的地界，贾𫘨托了关系，求令狐楚放他一马。可想而知，令狐楚的公子参加科考，他定然是少不了要庇护的。

平民之间为了利益可以互相帮助，官和官之间，权力永远是最牢靠的盟友。李商隐这样无权无势的人，自然就是牺牲品，战场迸发的是鲜血，在官场他永远不知道哪天会因为什么倒下。

照说，李商隐是令狐楚的门生，主考官为报救命之恩，也是应该照拂一二的，只是因为令狐楚没有为这个学生打过招呼，在贾𫘨看来，他明显就是个不受重视的弟子。所以，贾𫘨不仅取消了他的功名，还对其进行了一顿叱骂。

洛阳的二月，春风拂柳，景色细致得如一幅画，画中的人，画中的事，都是应情应景，恰到好处。轻柔的风，吹进最柔软的心底，温暖满怀。灰尘与杂质，跟着雨来，又被风带走，春天真是重生的季节。只可惜，有一人家，屋子里的沉闷压抑，沉重得风都卷不起任何涟漪。

身心世事四虚名，多少迷人被系萦。祸患只因权利得，轮回皆为爱缘生。去年二月到今年二月，李商隐整整卧病一年，父亲的死亡让他心力交瘁，堂叔的离去让他痛不欲生，梦想的落空，成了最后一根稻草，这个苦命的少年，已经在床上消磨了一年的时光。

习惯真的是很可怕的东西，再面对什么都习以为常。有时候我们觉得伤心，感到痛苦，就努力地忘却这种伤悲，慢慢便心如止水，慢慢便冷若寒冰。

那一年，他欢喜而来，落寞而归。而后，李商隐发觉自己变了，功名，依旧让他向往，却不能让他血液沸腾。他总是期待，被默许，被承认，但如果一切所得不是自己争取的，就永远不是自己的。

明知道这次的机会依旧渺茫，李商隐还是想抓住它。就算是飞蛾扑火，总是要向着自己的梦想，燃烧生命。他现在就感觉是不断地追赶天边的一朵云彩，一切近在眼前，却总是差了一步，始终碰不到。所以，中榜本就是在意料之中的事情，但再次落榜更是情理之内的事情。他只是一个小小的才子，在党争混乱的年代，弱小得如蝼蚁。

熟悉的酒馆里，还是从前的那个掌柜，古老的暗红色的算盘，一直在不知疲惫地忙碌着。这和上次来赶考的时候一样，连场景都未曾变过。他就像是一个游魂在飘荡，这孤寂的长安，繁华下是无尽的悲凉，一边纵情地享受欢乐，一边感叹即将到来的破灭。

饭馆一直在重复昨日的场景，来来往往陌生的路人，甚至是一生一面，天涯海角，即使再次相见，也未可识，那是一种无可奈何的哀愁。还是在上次那个靠窗的位置，他看着外面纷飞的落叶、绚丽的花朵，内心顿生出一片悲凉，其实不在于什么触景伤情，只是苦涩的心情下，看什么都不会带着色彩。

经过了令狐府的磨砺，李商隐已不是当初那个青涩的只懂吟诗作赋、空谈理想抱负的少年，他变得成熟，更容易参透世事。而有些人终其一生，也只能望月兴叹，当年年少不知人间百事愁，柴米油盐酱醋茶，比那琴棋书画更是让人一筹莫展。

在第一次落榜时，李商隐因为不堪美梦破碎，在病榻上缠绵了一年才又开始振作起来。后来，令狐楚为这个徒弟感到可悲又可怜，也是悯其才华，就把其招进了幕府工作。

幕僚，算不得什么官职的，只是在一个官员下面谋些事情做，就像一棵大树下面依附的花草，给予大树养分，树为它们遮风挡雨。令狐楚宴请宾客的时候也总是带着他，一群各色官服中，唯有李商隐一人素衣青衫，以一介庶民的身份，陪主人宴客。

其实幕府招幕僚，不是什么人都收的，府内的人不是名镇江南，就是士林领袖，没有一个是吃闲饭的。李商隐虽然小有名气，但是毕竟年轻，与这些人比还是差了些资历。令狐楚如此待他，也是对这个徒弟很是偏爱了。

文人一生读书，离了仕途，没了科举，就很难有什么谋生的出路了。幕府是文人的归宿，有些人在这里一跃腾飞，成为人上人，也有人在这里慢慢埋没，逐渐被人遗忘。

有一个人，让李商隐印象很是深刻，也对他的人生价值观有很大的影响。他就是温庭筠，落魄才子，一生不得志，后来郁郁而终。

李商隐最初去令狐府的时候，温庭筠就在幕府了。堂叔告诉自己，离这个人远点。他终日歌舞，吟一些风流词作，堂叔为人严谨，很不喜欢这样的人。

然而李商隐看到，这个人虽然有着放荡的外表，却有一颗脆弱的心。他的心，渴望与他交好。

斜晖脉脉水悠悠，那一腔柔情，被酒精压在心底，随着热辣的酒水，在胸腔里沸腾，面色只是醉了的模样。他笑得畅快，暗隐悲伤，与那些青楼女子调笑，俨然成了一个放荡不羁的洒脱才子。

世人皆知，何以解忧，唯有杜康，只是除了杜康之外还有一种解忧方式，那就是青楼女子，这些生活在底层，连贫民都鄙夷的人，内心的悲楚，最是能与别人相通。即使不与他付予真心，言笑晏晏，也好过别人不假辞色要让人好受得多。

最后，他离开了，离开了这个庇护他的地方。他说，他要去流浪，要去长安，看看天子脚下是怎样腐朽不堪的模样，看看谁能化腐朽为神奇，给天下士子一处圣洁的殿堂。

温庭筠这样爽快地说了，也这样做了。他的决定那么突然，却毅然不可更改，那种气势，一往无前。他手心紧攥的一方锦帕，露出些许的颤抖。帕子上的那一朵牡丹，李商隐见过，那是锦瑟姑娘的，李商隐也知道，温庭筠与别人调笑，其实内心只有这一人。

襄王有心，情逝流水，神女如一座山峰，被水波包围，岿然不动，看不懂，看不透。不知道是一厢情愿，求而不得，还是身不由己，毕竟，两个都不算是自由的人。

后来，听说锦瑟做了令狐楚儿子八郎的妾，这一段爱情，总是不能成全。那一夜，李商隐想起了很多，被遗忘的，想要遗忘的，纷纷如潮水一般，在脑海中汹涌而来。

自己还是个奶娃娃的时候，跟在父亲后面。已故的堂叔，对自己慈爱严厉的教诲。在桌案前整理公文的恩师，听到自己又落榜的消息会怎样，或许，这也是恩师意料之中的吧。还有那才去世不久的表兄，为民为国的官，在党争中挣扎着求生存，最后却敌不过一介宦官，终是抱病而亡。但是，很多人会一直记得，曾经有一个人，真心地努力为百姓做事。

眼前的酒壶空了，桌上东倒西歪的瓶子，好像在预示李商隐的人生，总是弯弯曲曲，没有一条明路。

罢了，无论怎样，生活总是还要继续的，他背负了太多人的梦想，生命早已不是自己的，努力地活下去，梦想才有希望。梦想不息，奋斗不止。悲惨的事，可怜的人，世上之人那么多，谁都不想成为其中一个。冥冥之中，这世间总是要传诵一些可悲可泣的故事，可怜可恨的人。

第二章

身边温暖之人

非亲非故的人

微意何曾有一毫，空携笔砚奉龙韬。
自蒙半夜传衣后，不羡王祥得佩刀。

——《谢书》

轻飘的柳絮，在微风中摇摆，在空中翩翩起舞，划出一道道旋转翻飞的轨迹，浮想联翩最后会停留在哪一位女子的眉梢，又经过谁的生命。其实，每个人从出生到成长不过是一张雪白的纸，也许一生就是那样灰白色的勾勒，也或许以五彩斑斓而告终。都想能迎来最美的春天，在岁月静好中悄然绽放，只是很多时候都无能为力。李商隐的一生，在风浪中摇摆，风雨过后，依然是小小方舟，在平静海面缓缓行进。

诸葛亮为报答刘备三顾茅庐的知遇之恩，出山相助为其夺得三分天下，最终甘愿辅佐乐不思蜀的阿斗而壮志难酬。知遇之恩，可遇不可求，这一生，若有那么一个人在你最需要的时候伸

谁以锦瑟奏哀弦　李商隐诗传

出了援手，这一生，你必定永远都不会忘记这个人。

令狐楚便是烙印在李商隐生命中的那个人。恩师已驾鹤西去，而这师徒二人一生的交集故事，都涌进了李商隐的脑海。

李商隐出身寒门，虽系皇族宗亲仕途却无依无靠。那一年，他随堂叔一同前往汴州去拜见令狐楚大人为求其干谒。年纪轻轻的他骨子里却透着一股坚强与勇敢，又多了几分孩子气的天真与狡黠，以至于不惧怕比自己强大的家将敢与他们周旋于言语之间。

李商隐还记得初见恩师那天，内心忐忑得不能自已，如今却是庆幸的，遇见恩师，是他这一生最大的运气，没有恩师，就不会有成年后的李商隐。他就像是一个在山上迷了路的人，在山上转了好些天，走投无路，茫然四顾，内心绝望得不知该何去何从。那个人就像是从天而降一样，把自己拉离了深渊，为自己指引了明路。

令狐楚看到了一个聪慧敏捷、才思俊丽的少年，便对机灵可爱的李商隐颇具喜爱之意，故收纳他入府。从此李商隐迈进了仕途的第一步，人生的轨迹从此改变了。

被令狐楚看重的人才，得以住进他的府邸，好吃好喝固然不缺，待遇自然比其他人优越。接下来的日子里，令狐楚多次接见李商隐，这种机遇是很多人渴求的。

李商隐随后和令狐楚的三个儿子——令狐绪、令狐绹、令狐纶终日一起学习。恩师本就是才华出众，皇上都为之钦佩，有这样的一位德才兼备的师傅，夫复何求。日子一天天过去，少年的李商隐也在一点点长大，恩师每日的教诲从不敢忘。

李商隐在令狐府已住半年，因为整日与令狐家的公子们在一起读书，吟诗作赋，余暇也学些拳脚，所以对府里的礼仪、规矩、喜怒好恶，渐渐习惯了。

大和二年（828），十七岁的李商隐在令狐楚的帮助下，终于取得乡贡资格。但是，在就要赴京应试时，突然接到家乡来信，说堂叔病危，要他速归。

天有不测风云，人有旦夕祸福。面对从小对自己恩重如山、谆谆教导的堂叔和自己一直以来梦寐以求的科考机会，他进入两难的抉择。最终，李商隐还是选择回到了家乡，毕竟生命与任何事情相比，总是排在前列的。最后堂叔还是去世了，李商隐悲痛欲绝。就在他凄凉愁苦，对生活近乎绝望之际，令狐大人派湘叔来带他去郓城，入天平幕府，表署巡官。工作把李商隐从终日寡欢中带了出来，令狐楚也表现出了一位长者对晚辈无尽的爱惜。在幕府的工作，也为李商隐能结识仕途之士创造了机会。

此时的李商隐遭遇家庭变故和生活上的失意、痛苦和磨难，显得成熟老练了许多。生活给人以磨难也给人以历练，不论得意还是失意，生活都教会了我们许多。

在幕府里，李商隐结识了很多才华横溢之士，生活也和以往大相径庭，况且还有一位德高望重、才能出众的恩师指导，文笔、学识以及为官之道自然增长颇快。幕府工作很辛苦，往往文书堆案盈几，其办公规矩极其严格。他恨自己虚度年华，举业未成，施展报国报君理想不能实现，光宗耀祖，重振门庭，更为渺茫！

堂叔临终流着眼泪叮嘱的话，犹在耳畔！他记起在一个秋夜，杜甫在幕府里值班，曾写了一首《宿府》的诗。他略略思索，便开口吟咏起来："清秋幕府井梧寒，独宿江城蜡炬残。永夜角声悲自语，中天月色好谁看。风尘荏苒音书绝，关塞萧条行路难。已忍伶俜十年事，强移栖息一枝安。"

李商隐吟完此诗，心中无比惆怅，感觉诗中所描述的主人公仿佛就是自己，自己为了科考付出了那么多精力，现在还是一事无成，那份失意，那份凄凉，让他痛不欲生。他暗暗下定决心，不拿功名誓不罢休。

为了让他安心备考，令狐楚令他暂时丢下幕府里的工作，并承诺赴京考试的一切费用均由他支付。恩师如此器重，怎不叫李商隐感动。可人生不如意十有八九，就在李商隐以为可以一展宏图之际，他却名落孙山了。

他没有回幕府，而是回了老家洛阳一病不起，整天昏昏沉沉，不思饮食。身体上的痛苦犹可忍受，此时谁能体会李商隐那份失意，那份无助、迷惘，往日的期待此时化为了泡影。有何面目见江东父老，有何面目叩谢恩师，这种心情也只有他自己能真真切切地体会，别人爱莫能助。

虽说当时的李商隐狼狈不堪，心里承受着无言的痛苦，可一心想要培养他成才的令狐恩师，怎会因此心灰意冷，从此不再理会他？令狐楚听说了李商隐落榜，在家生病卧床不起，心中十分着急，立即派湘叔带足银两去接李商隐回来。后来，湘叔回到郓城，把李商隐的病情报告给了令狐楚。令狐楚只是叹息，每个月都派湘叔去洛阳探望一次，并带去各种营养品。

时光飞逝，转眼间令狐大人步步高升，职位再次变动，朝廷调令狐楚检校右仆射兼太原尹、北都留守、河东节度使，治所在太原府。而令狐楚始终没有忘记李商隐，一心想要把他招募到自己身边，让他安心养病。虽然对恩师的如此厚爱感激涕零，但这一次李商隐因自己体弱多病，不愿意拖累恩师，最终婉言拒绝了。他继续留在家中，一面养病，一面更加刻苦地研读，只因他心中的梦未曾熄灭。

心若在，梦就在，人生最大的敌人不是别人而是自己。决心足够，才能克服一切的不如意。日子一天天过去，李商隐的病慢慢好转，不久就能下地走动。养病期间自己奋发攻读，此时的他已经从前段时间的失意当中走出来了。

可能是想给恩师一个惊喜抑或是愧对之前恩师的厚爱，大和七年（833）正月，他瞒着令狐楚，偷偷地赴京参加进士考试。二月放榜，他依然名落孙山。命运的不公，在此时演绎得淋漓尽致。

再遥远的距离一步步也能走完，再短的距离不迈开双脚永远无法达到。他敢于挑战命运的不公平，一次又一次地挑战，不得不说，命运赋予李商隐诸多苦难，但他始终都是一个强者。

身体强壮的人不是强者，心灵强大的人才让人畏惧，最强壮的肌肉是人的心。生活还要继续，命运不会因为对某一个人不公而略有愧疚，再怎么不如意还是要擦掉眼泪往前看，毕竟生命经不起虚度。

经过上一轮的角逐，李商隐认真总结、刻苦学习，不服输的他终于再一次为梦想放手一搏。大和九年（835）进士考试，李商隐又名落孙山。其中的苦水唯有身在其中方知其中苦涩。个人的命运被党争左右，李商隐哪里知道朝中大臣们钩心斗角的详情。

以后的日子里，李商隐各处奔波。在他不得志这几年，京都遭遇了大动乱，党争不断，宦官权倾朝野。作为一代老臣的令狐楚看到自己的国家逐渐衰落，心情自然无比凄苦与失落，身子骨一天天衰弱。

四月末，诏命下达，贬令狐楚为兴元尹，充山南西道节度使。诏命一下，令狐楚立刻启程。

转眼间又过了一年，开成二年（837），一入正月，京城大街小巷一派喜气洋洋，从全国各地赶赴京都应试的学子络绎不绝。这其中肯定少不了李商隐的身影，虽然他屡战屡败，可他这一次仍然要和莘莘学子一较高下。

这一次李商隐打破了以往的纪录，终于金榜题名。几人欢喜几人愁，历届考试都这样，此时的李商隐一洗往日的狼狈不堪，变得容光焕发。他终于改变了自己的命运，从一无是处背井离乡的游子一跃成为仕途之士，往日的辛酸与苦水此时便已经无足轻重了。

受人滴水之恩当涌泉相报，更何况是对自己恩重如山的令狐楚。从刚开始的收容，到后来的谆谆教导，又到后来自己几次落榜几次收容自己，并给自己信心与鼓励，在自己徘徊到绝望边缘时一次又一次伸出援助之手。这样的大恩大德怎能不叫李商隐感动。

一路走来，令狐楚就像李商隐的父亲一样存在，他不厌其烦地一次次给予李商隐助力，身在病中还关心李商隐一家的生计，就连最后的遗表也托付李商隐，可见对他有多器重。

非亲非故的同路人，却是最亲近的人，令狐楚的爱，是李商隐这一生一世的温暖，是对一个幼时失去父亲的孩童最好的安慰。

另一个自己

花明柳暗绕天愁，上尽重城更上楼。

欲问孤鸿向何处，不知身世自悠悠。

——《夕阳楼》

长安的风是无声的，带来凛冽的刺骨的疼痛，长安的人是多情的，今日桃红榻，明日杏花船。长安的街是繁华的，来来往往的行人络绎不绝，商贩在不停地叫卖。只因为是天子脚下，离天最近的地方，长安也是天下最富贵的地方。这里承载着无数人的梦想，金光闪闪的大门大开着，迎接五湖四海的人。

长安多的是富贵，少的也是荣华，更有很多失魂落魄的人。有人因为当官，从家财万贯到一文不名，也不过是分秒之间的事情。

这里也曾是他梦寐以求的地方，李商隐做梦都想长久地停留，那里有一道天梯，只要登上去，就是离天最近的地方。这里也是带给李商隐噩梦的地方，把他的梦想绞得支离破碎，连带那颗心，也跟着千疮百孔。

在绝望的时候，也许会发现天无绝人之路。虽然没有柳暗花明的转变，但李商隐确定自己来长安是很庆幸的事。在这里，他曾遇见了一个人，同是沦落天涯的人。他们开怀畅饮，举杯对酌，悲中之喜，莫过于在失意的时候，有另一个人与自己相互慰藉。

他是白居易，号香山居士，李商隐不曾得知他年轻时候的模样，但这位头发花白的老人，眉眼清亮，一身儒雅，文质彬彬。

"欲问孤鸿向何处，不知身世自悠悠。"本是一个人独坐，喝着酒，抒发愤懑的心情，听到自己才作的诗被人吟诵了一遍，他一抬头，就看见一老者正站在自己面前微笑。

他们有过相似的境遇，心中都有自己的梦，为了黎民，为了亲人，为了自己，持续不懈地奋斗，只是再怎样努力，也难以抵抗政治的旋涡。明明不想涉及，只是想远离，过自己的生活，却因为靠在最边缘，被无情地卷入，以致粉身碎骨。

李商隐不爱酒，只是这似乎是消愁最好的东西了。酒，从古至今，一直是一种文化、一种寄托，人们爱它、恨它，却对它无能为力，欲罢不能。有人酒后闹事，有人酒后失言，酒后最容易做一些错事，甚至是产生不能挽回的遗憾。鲜活的例子，铭刻的教训，即使无数先人说了酒的危害，后世更会有再多的遗憾，但这一刻，酒值千金。白居易爱酒却是爱得真切。他对饮酒的好处是深有所得，对月独酌，宾前宴客，少了它就少了知己，没有给彼此最真诚坦然的机会。

同样是两个郁郁不得志之人，在此前，只是听说过彼此的名字，却在今天，一醉方休。之前两个人虽未见过，却神交已久，李商隐钦佩白老的才华，以朴实易懂的直白言语，向天下人抒发内心最诚挚的感情。李商隐虽是初出茅庐，在士林中也是小有名气，他用古文体裁写的《才论》《圣论》在知识分子间流传，并获得一些上大夫的赞赏。

在酒楼里才喝完酒，李商隐便迫切地拉着白居易去了他住的客栈，要上几个小菜，又是几坛酒，还有一丝力气，就要继续喝，遇到忘年之交的喜悦，冲淡了心里深厚的云雾。

他们本就身在异乡，又是知己难求，如今碰到了一个可以一诉衷肠的人，这一生，天时地利人和，也不知还会有几回这样的时刻，既然遇到了，更要珍惜。

昔日，白公十六岁便中了进士，十八岁的时候与元稹同举书判拔萃科。待到了十九岁那一年，被授予秘书省校书郎，几年之内，接连升级，后来，因皇上赏识，被授予翰林学士，步步高升，迁任左拾遗，升到京兆府户曹参军。几年来的一路高升，可以预见日后的飞黄腾达，这都是皇恩浩荡，所以他决定自己这一生，定要报效吾皇，以报答知遇之恩。

曾经年少张扬、纵马驰骋长安街的情景，已是很多年之前的事了，岁月是一把无情的刀，用迟钝的刀口，一点一点磨碎支撑身体的脊骨。高楼倾塌不过是一瞬间，地基的腐蚀却是要经过漫长的积累。政治腐败，宦官当政，有人无故被贬，那些无因谴责的人，即使受了不公平对待，也只能咬碎了牙，咽回肚子里去。

偏偏白居易耿直忠烈，一心只在报效朝廷上，没发现朝廷之外的很多事情。他损害了很多人的利益，摘除了不少的顶戴花翎，曾经在面前嬉笑怒骂的官僚同事，如今被他送进牢狱，痛哭流涕。这位年轻的官员就像一杆锐利的银枪，矗立在殿堂之上，很多人都担心被枪尖对准，受了伤，害了性命。

官官相护，自古以来就是这个道理，清官自恃清白，不屑与坏人为伍，贪官恶霸就不同了，他们有狐狸尾巴，要同僚之间相互掩护才行，一人落马，众人就会担心殃及池鱼。而最好的办法，就是解决后患，让阻碍全部清除，把危险从根部消灭。

埋藏的祸根彻底爆发还是因为一件冤案，自古以来冤假错案比比皆是，很多可知可惧的因素，让那些死去的怨灵、受冤的亡魂，被人们默默遗忘。

那一年，京城发生了一件大事，宰相武元衡和御史中承裴度遭人暗杀，片刻间武元衡死亡，裴度也受了重伤。当朝宰相，一品官吏，被人暗杀，竟然无人关心，答案是每个人心知肚明的，偏却无人敢揭开那一层薄薄的面纱，还受害人一个公道。

白居易却道：既然无人问津，那我便来调查，要还这世间一世清明，总是要有流血牺牲，如果可以，我愿以一己之身，清污浊之气。最终，那一段冤屈还是被往事尘封了，包括白居易这个人，也被岁月一点点掩埋。

没了官职，他还有笔；还有头脑，他要记录这个事实，呼吁天下有识之士，呼吁每一位天朝子民，这个黑暗的社会在等待被拯救。沧桑往昔，过去的点点滴滴怎可忘，心怀的家国之梦怎可放弃，他的每一句诗、每一个字，都是写在心上，写进梦想里的。

现在，白居易的梦已经老了，李商隐的路还要继续。繁华的浮世，太多真假难辨，一切都是虚伪的，坚守自己的本心，才是唯一的真。

如果有来世，我便为你子，尘世漂浮这许多年，有人喜极而泣，有人悲从中来。李商隐却不同，即使是一个落魄的书生，在生活面前，他自卑，他可怜，却从未放弃，失去了又如何，大不了从头再来。

荣华浮光，我们必须踏在浮华之上，才能在耀眼的光芒中展翅翱翔。

一生的榜样

丈人博陵王名家，怜我总角称才华。

华州留语晓至暮，高声喝吏放两衙。

明朝骑马出城外，送我习业南山阿。

仲子延岳年十六，面如白玉皎乌纱。

其弟炳章犹两卯，瑶林琼树含奇花。

陈留阮家诸侄秀，逦迤出拜何骈罗。

府中从事杜与李，麟角虎翅相过摩。

清词孤韵有歌响，击触钟磬鸣环珂。

三月石堤冻销释，东风开花满阳坡。

时禽得伴戏新木，其声尖咽如鸣梭。

公时载酒领从事，踊跃鞍马来相过。

——《安平公诗》节选

失去了亲情，爱情在一旁深切等候，没了爱情，仕途给人名

谁以锦瑟泰哀弦　　李商隐诗传

利的快慰，没了亲人，丢了爱恋，断了仕途，极致的悲伤，痛都可以酣畅淋漓，任意地挥洒。李商隐的一生，亲人总是相继在重要的时刻离去，苦苦痴恋的几段爱恋最后无疾而终，空付了满心的欢喜，哪怕是信手拈来的科举，也一次次擦肩而过。仿佛，离别和失去，是他永难逃脱的宿命。

生命中总是会有与众不同的几个人，可以让人由生记到死。让李商隐痛恨的人是几乎没有的，即使这一生坎坷悲痛，他也只怨这世事。

崔戎这个人，对李商隐的人生有很大影响，李商隐的很多思想都是受他启发。

那一年堂叔去世了，李商隐还沉浸在失去至亲之人的伤痛之中，再加上科考的失败，让他病中的身体更加孱弱，正是日出朝阳的好年纪，可是身体仿佛到了迟暮。他终日在迷茫中呼吸，一直挂念心中的梦，却不知如何才能成全。在政局混乱的如今，未来根本就是无迹可寻。尽管一直在努力，却始终在与梦想平行，只能隔着迷雾看着远处的风景，在黑暗中踽踽独行。

李商隐认识崔戎是一个很偶然的机会，甚至在那之前，李商隐根本不知道还有这么一个做大官的亲戚，从血缘关系上，李商隐要叫他姨表叔。崔戎的伯祖是博陵郡王崔玄暐，伯祖父的母亲是兵部侍郎东都留守卢宏慎的大女儿，当时李商隐的曾祖父的妻子正好是卢宏慎的三女儿，这样一层层地剖析下来，崔戎就算是李商隐的姨表叔。

经历过一系列的打击，他虽然悲痛，虽然无奈，但生活依旧还要继续，放弃了才就真的什么都没有了。

荥阳的刺史萧洗大人是李商隐堂叔生前的至交，那日堂叔下葬，他也来祭拜。当年他曾经邀堂叔到府上做幕僚，堂叔虽然仕途惨败，但那一身高傲从不曾改变，心气高傲的他不愿意在至交好友面前低人一等，所以拒绝了。这次，李商隐带了自己的诗文前去拜谒，希望能得到萧大人指点一二，让自己在未来的路上哪怕可以前进咫尺。

可能是觉得自己没有什么能给予李商隐的，萧洗并没有留下他，而是一纸书信把李商隐推荐给了当时任职于兖州观察史的崔戎。崔戎是博陵郡王的后代，官宦世家；如今又在兖州做官，在民间的名声也很好，相信李商隐在那里肯定能受益颇多。

李商隐觉得自己像一只球，被推来推去，他的内心有些无奈伤感，然而如今自己这样落魄，生活都是艰难的，那些所谓的面子也不那么重要了。

崔戎在回信中大赞李商隐的才华，希望李商隐能早日赶往兖州。

崔戎的回信让李商隐重新充满了奋斗的力量，在崔戎这里，李商隐终于感觉到了自己的价值，觉得自己也是被需要的。李商隐快速地安排好了家中的一切事宜后，便迫不及待地来到兖州，希望这里不会让他失望。在慈爱的恩师那里都有各种的争夺，受党争的影响，各个幕僚之间的攀比，让李商隐真心觉得很累。

谁以锦瑟赛哀弦 李商隐诗传

这个时候的崔戎已经接近花甲之年，身材微微发胖，但并不像之前所见到的那些目光浑浊，只会花天酒地的官员。那些人虽然从前都是青年才俊，但是为官多年后，早就遗失了最初的梦想。

崔戎这里也是一大家子人，他的两个儿子崔雍和崔衮，年岁都比李商隐小一些。李商隐在家里就是老大，平时照顾弟弟妹妹，在这里充当以前的角色也是如鱼得水，大家相处得非常愉快。

当李商隐被问及家事时，内心的伤被人再一次提起，往事一一在眼前浮过，酸酸的味道在血液里一遍遍流淌，李商隐缺的并不是可怜，他需要的是渴望、是机会。

虽然只是含糊了几句，但是哽咽的言辞和微红的眼眶已暴露了他刻意伪装的镇定与无谓。要有多大的伤痛，才能通过短短几句话，就能令人有想哭的欲望。崔戎适当地终止了这次谈话，并特意送了些银两让李商隐安排家事。

某些时候，我们都需要沉淀，前事为鉴，在磨难面前，要坦诚，学会承受。

李商隐在崔戎幕下做了一名掌书记，平时只是掌管一些奏章文事，事情并不多。大多时候，都是跟着崔戎去看兖州的军事情况，了解民生的需求。

崔戎的两个儿子都不好习文，一碰到文学的事情就无精打采，舞刀弄枪的时候倒是神采奕奕，崔戎也不限制两个儿子的发展，随他们喜好。

在这里，李商隐的心中泛起一种满足感，他觉得两个表弟待自己如亲生兄长，尊敬爱护，却也调皮可爱得很，崔戎对自己也像亲生儿子一样，他真的愿意把这里当成自己的家，可以肆意地与家人亲近、玩耍。李商隐很感激崔戎给了他家庭的温暖，给了他平等的对待，让他找到了自己人生的价值。

崔戎虽然是博陵郡王后人，将门出身，却是通过科考踏入仕途，他不爱武将的打打杀杀，这一生只为度人，认为一将功成万骨枯，那样的痛，一般人都承受不来。最开始的时候，崔戎只是在吏部做一个小小的校书郎，一段时间后被提升为蓝田主簿，不久又从殿中御史升任吏部郎中，再由谏议大夫升任华州刺史。如果一路都这样顺风顺水，未来肯定是更美好的前程，更何况当时他还颇得皇上赏识。

人生就是一条河，蜿蜒地流着，谁也不知道到哪里会翻腾出风浪来。在崔戎担任华州刺史的时候，天灾人祸，很多人流离失所，食不果腹，崔戎是一个爱民如子的好官，如果按照朝廷流程，等赈灾银下来，很多灾民是等不起的。最后无奈之下，他把自己的私钱拿出来救济灾民，这本是一件舍己为人的事情，理应受到嘉赏，而不是在党争的泥流中溅了一身的泥泞，被调到了兖州这个荒凉的地方。

崔戎从来没有在人前有过什么怨言，其实无论是谁都会感觉不公平的，但是当无力抱怨时，也只能三缄其口了。

诸多感慨汇聚于心，李商隐每次喝完酒，都会站在高高的

谁以锦瑟秦衷弦 李商隐诗传

城楼上，仰望满天繁星。城镇的夜晚，寂静无声，黑暗如同一只猛兽，把一切吞噬。遥望星空，高处不胜寒，俯视低处，黑暗寂寥，这样的一个尴尬位置，不上不下，做什么都是无能为力的。

那一双在黑暗中的眼睛，充满了悲伤和期盼，被岁月无情地侵蚀，生命的沧桑溢满了眼眶。

儿时的朋友

嵩云秦树久离居，双鲤迢迢一纸书。

休问梁园旧宾客，茂陵秋雨病相如。

——《寄令狐郎中》

江南三月烟花开，寻一处芳草栖息地，几个人席地而坐，几碟小菜，一壶好酒，今宵有酒今宵醉，这是一段何等惬意的友情时光。朋友在孤单的时候，在旁边默默地守候你，暴怒的时候，上前敢于拉住你的手。他们并不是每分每秒地陪伴你，却总是能来得那么及时。

李商隐的一生中有过这样的一个朋友，少年时跟他一起玩耍，后来一起学习，相对于他的落魄潦倒，朋友却是加官晋爵，却总是在他倒下的时候扶持，不是依靠，却是最后的救赎。这人，便是恩师的一位公子——令狐绹。

令狐绹自小便聪明伶俐，和李商隐的聪明是不同的，他懂得变通，行事圆滑。他与李商隐在文章上的才智也是不同的，所以，虽然文采没那么出众，也能官拜三品。虽然令狐绹对诗词没那么精通，但也绝不是肤浅，有令狐楚这样的父亲，周围有许多门客，耳濡目染之下自然能张口赋诗。聪明懂事的孩子，没有父母是不喜欢的，令狐楚对他格外疼爱。

李商隐还记得初次见他，那时候自己刚入令狐府，对于未知总是有些恐惧的，茫然地生活在完全陌生的空间里。令狐绹明亮的眼神瞬间就照亮了李商隐有些灰暗的内心，两人仿佛相识了很久，想念了很久，如今终于相见。

令狐绹明亮的眼神和亲切的口吻，让李商隐彷徨的心一下子就安定下来了，他给了李商隐无价的认同感和存在感，让李商隐感受到，原来这里有知道和喜欢自己的人，自己并不是一个陌生人、外来者，没有被隔绝出他们这一片天空。

他腼腆地笑了，一个贫寒的少年，在高楼宅院中，终于找到了存在感，贫与富的差距，官对民的歧视，在这一笑中消散。

一念成佛，一念成魔，一个善良的举动，挽救的或许就是一个人的一生。即使多年后两人形同陌路，忘记了时间，忘记了面容，但那一瞬间绽放的笑容，被永远地铭记。

在这个陌生的地方，李商隐有了第一个朋友。当然，令狐绹不仅只是这一个身份，他还是令狐楚的儿子，这个家的半个主人。

令狐楚虽然做了安排，但也不能面面俱到，小孩子的思想还是同龄人最能理解，令狐绹细心热情地安排李商隐的住处，还送了一些日用品。李商隐那快洗白了的衣服终于可以被替换下来，在这琳琅满目的物品之中，这样的青木白色是如此显眼和独特。就算这是一种怜惜，是小孩子的同情或者可怜也好，都只是出于最单纯的善良。

李商隐对于饮食的喜好，令狐绹也都一一记下，吩咐下去。娘亲也曾这样关心过他，但那都是至亲的人，在这一个人生地不熟的地方，没见过几面的人就对他如此亲切和关怀备至，李商隐被深深地感动了。

这份恩情他记住了，记了一生一世，即使在后来的诸多事情上，无论是谁的是与非，对于这个人他始终是忍让与包容的，只是因为儿时接受的那份善意的恩情。

除了日常聆听恩师的教诲，学习写文章，关注国事，李商隐其余的时间也都是与令狐绹在一起。

李商隐出身贫苦，身份地位也说不上高贵，令狐府的其他几位公子总是借机取笑他，在寄人篱下的情况下，李商隐实在没有很大的勇气与之争吵，这时候令狐绹总是为他解围，从不在乎他的出身。

文成武就，朋友之间就是要相互依存、互相帮衬的，李商隐虽然对做文章很在行，但是在练武方面就不行了。身体虽然说不上是体弱多病，但也不是强壮的类型，所以最多算是一个翩翩公子。令狐绹武术练得却很好，两个人时常在竹林里，一个在吟诗，一个习武，构成一幅赏心悦目的美景。

毕竟因为出身不同，令狐绹每天被幕府中的人影响，知道很多宫中秘闻，而这些对于一直在乡下苦读的李商隐来说总是那么新奇。那些神奇的故事，有的带着神秘与玄幻，让他看到，原来皇宫里的皇亲贵胄竟然有时候平凡得和他们这些凡夫俗子一样。

那些总是高高在上的人，内心也有最龌龊、最黑暗的一面，平凡的人一念之差，或许害的只是自己和少许人，而那些手握权力的人，内心一个邪恶的念头，就会让无数黎民百姓跟着遭殃。

李商隐想起了在来时的路上看到的皑皑白骨，即使一人功成名就，天下易主，对死去的无数冤魂和活着的惨遭蹂躏的人又有何用，最痛苦的人永远是生活在最底层的人，没有选择的权力。

李商隐一直都懂得，这是这个世界的生存法则，要想不被欺负，只有自己努力，站在高处，才能俯视底下的人。他的满腔热血，他的报国宏愿，都不是凭空实现的，肥沃的草原上，只有强者才能肆无忌惮地横行。弱小的兔子，遇见猎鹰只能选择逃跑，因为根本没有搏斗的可能。

那一年，李商隐终于考上了进士，闻名于世的才子想要中个进士也是如此之艰难，所有的人都以为，李商隐这是苦尽甘来，终于等到春暖花开了。

但是，上天把所有的人都戏弄了，就像烟花红极一时的绚烂，最后却归于悄然无声。他中榜，所有人都为他庆贺，李商隐心里也在感叹生命终于可以辉煌，那灰暗色的天空终于迎来了朝阳。可是只有那一日的日出，之后他的天空依然连绵阴雨。六月的江南在为多情的女子哭泣，繁华的洛阳、凋落的牡丹都为李商隐黯然。所有人都以为的巅峰原来也只是在原地迈步，或是换了一条更加崎岖的道路。只是无论多么坎坷，都要始终继续走下去。沉浮在党派之争中，李商隐只是一片脆弱的浮萍，随着波浪翻滚，到哪里，就停泊在何处，等着一浪又一浪的拍击。

他敬爱的崔戎病死了，他曾经融入的那个家庭，给了他完整一个家的人也去世了，亲人在一个个减少。恩情如山的恩师也因操劳过度病死在床榻上，甚至在死之前，还要李商隐起草奏章为那些沉冤的大臣昭雪，心系天下，心系万民。没有了恩师的救济，李商隐的生活越加贫困艰难。儿时的玩伴令狐绹，已经是在朝中举足轻重的官员了，对于李商隐的窘境，他从来都是愿意伸出援手的。随着渐渐地长大，人们生活的轨迹也会偏离最初的梦想，最无奈的可能就是背道而驰。

李商隐在他的梦想中一直坚持，为天下，为人民，也为自己，他的讽刺尖锐刻薄，只是因为太多无情的人造就了太多无奈的伤悲。如果很多年后，已经忘了最初的自己，还能在另一个人的身上看到曾经的自己，那就是最大的安慰了。

师恩重如山

百里阴云覆雪泥，行人只在雪云西。

明朝惊破还乡梦，定是陈仓碧野鸡。

——《西南行却寄相送者》

停泊了一家又一家的旅店后，方知道对家的想念，看过了一山又一山的风景后，远处层峦也只当作叠嶂。一次次地努力后，以为终于到了终点，再看前面，依然浓雾茫茫，模糊一片。

李商隐犹记得，在得知自己中了进士之后，他的内心是多么欣喜若狂，这么多年的执念，在松懈的那一刻，生命都轻松得可以飞起来了，从来都是那么沉重的担子，终于可以从肩膀上卸下了。

中榜后，等待任命书还需要一些时日，以后可能也不知道会任命到哪里，李商隐决定回家一次。奔波了这么久，就让自己在这一刻有些许停留。珍惜有家人陪伴在身旁的此刻，以后或许是更遥远的思念。

有人说，只有历经磨难方知幸福的味道。他等了许久都没有等到朝廷的诰命，却等来了另一个让他悲痛欲绝的消息：恩师病危。生命竟然是如此脆弱，好像恩师昨天还在为他授业解惑，还在灯下阅读繁杂的公文，即使头发已斑白，但他当时依然那么精神抖擞。

也许在他的眼中，恩师一直如一座山一样在他面前，无论怎样，他都可以作为一个孩子，躲在恩师的庇护下。习惯了大树的遮阴庇护，忘记了它们也会随着年岁而衰老，习惯了城墙的挡风遮雨，忽略了时间的流逝，让苍白的墙壁已经出现许许多多的坑洼，它们在被岁月点点吞噬。

是令狐楚家的老管家湘叔来告诉他这个消息的，这个老人也老了许多，原来一切在不知不觉中，即使你还在原地踏步，岁月的悄然逝去依然会带走许多东西。匆忙地安排好了家中事宜，李商隐赶忙就和湘叔启程了，他生怕晚了，那将是他这一生最大的遗憾。

一路上快马加鞭，李商隐恨不得插上翅膀，直接飞到恩师的病床前。从前一直备受恩师照顾，他不想在恩师病重的时候，不能在眼前尽孝。

湘叔已经年过半百，李商隐本身也不是多么健硕的人，两个人这样风雨兼程了几日就有些吃不消了。李商隐怜惜湘叔年老，又怕赶不及，就想先行赶路，让湘叔在后面慢点走，这样的奔波程度，连成年男子也很难承受，何况内心身体都在受着烈火焚烧似的煎熬的人。

湘叔已经来回奔波了数十日了，这样的程度真的有可能会病倒，但是这个老人没有放弃，他依然选择和李商隐一同前行，如果可以选择，他希望再快点，即使身体要承受更大的苦痛。他这一辈子都是待在令狐府的，可以说生命的所有回忆都是在令狐府的。而这个府上的老主人更是他伺候了一辈子的，老了老了，眼看着主人要离开了，这个时候他更不能不在。

他一直待在令狐楚的身边，对令狐楚的心思很是了解，如果不是别的事，他断然不会离开的。因为李商隐是令狐楚最挂念的人，所以他必须亲自来，才能让老爷放心。如果令狐楚在临死之前见不到李商隐，这个他疼惜了一生的可怜孩子，令狐楚怎么都不会瞑目的。

令狐楚对李商隐的好，谁都看得出来，虽然科举一波三折，但这个老人也是操碎了心的。有时候对他的好，甚至连亲生儿子都是嫉妒的。

李商隐默默地听着湘叔的话，眼角慢慢地湿润，他用袖子抹去泪水，这个时候不能哭，他必须攒足所有力气去赶路。恩师在官场上虽不能说是清白如莲，每一件、每一宗都是问心无愧的，但是对身边的人却从不亏欠。

十一月的山西已经进入了寒冬，格外寒冷。呼啸的西北风吹卷着飘飞的白雪，摇晃着干枯的树木。莽莽的秦岭横亘在北面，苍苍的米仓山在南面蜿蜒起伏，中间是滔滔的汉水。他们快马加鞭，行走在西去荒凉的道路上，道路崎岖，路途遥远，有时要攀缘绝崖峭壁，有时要翻越山梁。飒飒的风声，代替了李商隐想哭不能哭的呐喊。辛辣的酒，猛喝几口，暖暖身子还要继续前行，这一段路，怎么就这样漫长，怎么都看不到尽头。

冰封的雪地，崎岖的山路，每一个艰险，对于急忙赶路的两个人来说都和平坦的路没有什么不同，因为无论怎样，他们都必须走过。从白天到黑夜，朝阳升起，夜幕垂下，他们和时间进行一场赛跑。当他终于赶到令狐府后，刚松下的一口气，又猛然悬在喉咙里，恩师在哪里？恩师怎样……太多的担忧。

他们才到门前，就有人来接，两人心急火燎地赶路，其他的人内心也并不能平静，都祈祷两人快点回来。

令狐楚已经念叨了好几日，临死前的念想，谁能忍心让它破灭。

李商隐忍了一路的眼泪，看到床榻上的恩师时，"刷"地就流了下来。他很怕，在路上就很怕，可是他不能说。那一刻，他终于可以尽情地哭了，这一路上的担惊受怕，在看到对自己微笑的恩师时，瞬间就平静了下来。

府里的其他几位少年也在前几天赶回，每个人都在令狐楚的床榻前，不敢离去。

李商隐望着恩师枯瘦的手指，不敢想象就是这双手从前在官场上的杀伐决断，教他写文章、做政事的，令狐楚从没让人看见过他的软弱。如今，却再也掩饰不了了。此时的令狐楚已经不再是往日那个呼风唤雨、德高望重的达官贵人了，在李商隐面前的是一个瘦骨嶙峋的老人，弱得连手都无法抬起来。看到恩师如此憔悴，叫李商隐怎么不心疼。

原来，令狐楚这几天都没有好好吃药，他认为生死有命，富贵在天，这一辈子如此足矣，他也曾名列三公，做过一些大事，想别人所不想，做别人所不能，已经很满足了。

很多人都为他担心，但是这位执着的老人，对他的生命一点也不执着，放任的态度让关心爱护他的人是何其心酸。

李商隐来了，这个令狐楚最得意的门生、最欣赏的人，大家都期盼着他能劝劝令狐楚，让他喝药接受治疗。虽然都知道病愈的可能微乎其微，但是不努力去尝试，总是心有不甘的。

李商隐无奈地叹气，这个老人执拗的脾气谁不知道，怎么能劝得动，但还是要尽力一试的。

李商隐认真地洗漱，换了一身干净的衣服，他不想令狐楚看见自己如此狼狈的样子。令狐楚总是一副盎然的样子，一直是那样的坚韧，从不让人看见他的萎靡。他要让恩师知道，作为他的学生，也没有被磨难打败，依然为梦想拼搏奋斗。

急匆匆地吃了几口饭，他就赶到病床前守着。连日来赶路都没怎么吃，心痛远远超过了饥饿感，他一点胃口都没有。只要一想到恩师憔悴不堪的样子，早就被愁绪充满，饥饿也就是无关紧要的事了，或许等什么时候晕倒，才会恍然大悟，原来自己已经很久没有吃过东西了。

李商隐听着恩师和自己说话，对方已经不如以前那样强势了。他不由得心生感慨，生病的人是如此脆弱。

令狐楚喜欢李商隐，这是人人都知道的事情，都以为是因为他的才华，有才华人那么多，怎么就单单对李商隐如此好呢？令狐楚对这个困扰许多人的问题做了解答。

也许，他最开始欣赏的是李商隐的才华，那样小的一个孩子就可以写出如此严谨求实的文章非常不易。后来，李商隐的本性一点点被了解，他是如此重情义：小时候拿着引魂幡不远千里万里地把父亲的灵柩带回故乡；堂叔去世的时候，放弃自己的梦想去哭丧守灵；表叔崔戎去世时，他又千里迢迢把灵柩送回老家。

对于身边的每一个人，李商隐都是倾尽了所有去爱的，因为爱得太深、太沉，才会这么容易受伤。

李商隐与恩师絮叨着这些年的事，原来令狐楚这些年一直在关注他，即使不在对方身边的时候，也总是打探他的消息。连他已经忘记了的小事，恩师都记得那样清楚。

可以说，令狐楚见证了李商隐的成长，参与了他的成长，成全了他的成长。

李商隐的一片孝心终是没能留住令狐楚。他只记得那是一个夜晚，天空没有星星闪烁，没有皓月飘洒银辉，米仓山耸立南天，留下一个黑黢黢的暗影，仿佛即将倾倒，要压在人们的头顶。

李商隐觉得心上就像压了一座山，沉重得喘不过气来。在令狐楚交代完后事之后，伴随着一个大火球落在府署上空，令狐公端坐床上，咽下最后一口气，撒手人寰了。

临终的嘱托

北湖南埭水漫漫，一片降旗百尺竿。

三百年间同晓梦，钟山何处有龙盘。

——《咏史》

人生如梦，醒来不知年岁几何，睡着不知今夕何年。在一场场美梦惊愕中穿梭，体验一次又一次的别离欢聚。听着令狐楚的喃喃细语，如此微弱的声音，要用尽全部心力去倾听，才能听得到其中的话语和蕴含的情意。

这个老人在临死的时刻都没有忘记国家，忘记他的责任。他把所有人都遣了出去，只留下李商隐一人在屋内。不管别人怎样想，他连亲生儿子都没有留下，只留下一个没有血缘关系的学生，在他临终之前做生命最后的道别。

令狐楚说有件事需要李商隐去办，其实对于李商隐，无论恩师说的是什么，他都会去做的，哪怕是多么艰难的事情。

可是，令狐楚要他做的却是一件不可能成功的事情。虽然不可能，但也是要挣扎一次的，虽然以前挣扎了很多次，从未成功过，但不管这次结果怎样，都只是最后一次了。

气魄已殚，情丝俱尽，但是还有不能放下的事情，不在死前完成，就只能抱憾。令狐楚担心因为奏折写得不够委婉从而惹怒皇上，不能实现所奏之事，所以要拜托李商隐来帮忙拟定。

那只手奋力地指向桌案，苍老无力，此刻又是那么坚决，李商隐会意地走过去，拿起笔，铺好纸张，再仔细摆了摆砚台。他感觉手在颤抖，写过多次的文章，这一次却如此艰难，让他有力不从心之感。

他觉得手里的笔如此沉重，思绪都凝固成冰，不能运转了，恩师一生的冀望就在这支笔上，他必须贡献出所有力量。

"臣永惟际会，受国深恩。以祖以父，皆蒙褒赠。有弟有子，并列班行。全要领以从先人，委体魄而事先帝。此不自达，诚为甚愚。

但以永去泉扃，长辞云陛，更陈尸谏，犹进瞽言。虽号叫而不能，岂诚明之敢忘？今陛下春秋鼎盛，寰海镜清，是修教化之初，当复理平之始。

然自前年夏秋已来，贬谪者至多，诛戮者不少。伏望普加鸿造，稍霁皇威。殁者昭洗以云雷，存者沾濡而雨露。使五谷嘉熟，兆人安康。纳臣将尽之苦言，慰臣永蛰之幽魄。"

一字一句，断断续续，最微弱的呻吟，蕴含最强大的力量，这个腐朽的国家，还有这样一个人，在坚定地走着心目中理想主义路线，无论他成功与否，都是值得人钦佩与尊敬的。

隐忍的一字一句，在最后的时候，泪滴和着墨汁一起滴进文章里，李商隐内心是冰火的煎熬。恩师能在最后还心系国家，心念苍生，多么伟大，可是他拼尽油尽灯枯所做的也有可能只是徒劳，或许根本就不能成全什么。

这样的事情何其悲哀，即使耗尽了生命，王朝根深蒂固的腐朽也已经无力回天，恩师还傻傻地相信。其实李商隐自己又何尝不是，总是不断地失望，失望过后还保留有希望。

寂静，如外面的天空漆黑一片，铺天盖地袭来，压得人无力起身。死一般的宁静，漆黑的夜里，心跳猛烈地撞击着，扑通扑通，好像要突破胸膛，崩裂一样。

李商隐猛地扑倒在床前，恩师刚刚还是握着自己的温热的手，已经慢慢变得冰凉，并且再也不会温热起来。他猛烈地哭喊，挤压了许久的风暴在这一刻停止盘旋，完全地释放出来，他撕裂心肺地呐喊：为何生命中重要的人要这样静静离去，给予他灵魂重重一击。

守在门外的人听到哭喊声，都冲进门来，那一刻是爆发能再见最后一面的奢望，只是慢慢变凉的身体和那已经哭得如傻子的人，都已经清楚地印证了，令狐楚已经永远地离开了，再也不会对他们严厉地责罚，外冷内热地安慰。

他的生命，像风一样离去，但他的灵魂，镌刻在了史书之上。

令狐楚的文学造诣也不低，生前有很多学生，有的已经功成名就，有的还在苦苦挣扎，无论前途怎样，对情深义重的恩师都不能忘怀。

李商隐把每一件事都做得认真到位，虽然不是亲生，却更似亲生。他跪在堂前，以亲生儿子的礼仪来跪迎前来的祭拜者。白天或者黑夜，如同一个木偶人，只是不断点头，流着的泪和痛苦狰狞的表情，让别人知道他还活着，只是却如此痛苦。

已经三天三夜了，大家为他的这份孝心而安慰，也因为这份执拗而怜惜，令狐楚生前因为他的重情重义而格外看重。在他死后，李商隐依然如此，他的一生都将如此，无论对谁。

灵柩在堂前放置了三天，抬起的时候，李商隐的心仿佛也在跟着那口棺材起落。令狐楚的学生何其多，能如此的，恐怕也只有李商隐一人了。

令狐楚的墓地没有建在老家，而是在他最后上任的土地上，因为他想要死后也依然守护这里。他拼尽了全力，也不能得到最好的结果，在别人翻云覆雨时，总有一些人在被迫承受，权力的斗争中，无辜的人太多。

周围一切都寂静无声，李商隐跪在地上，一把土一把土地撒进墓穴，那样虔诚，那样小心翼翼，好像手里捧着的是珍贵无比的东西。

他看见周围人痛苦的脸孔，可是听不见任何声音，他的思绪停止，只知道麻木地捧着土撒进墓穴，一次又一次地重复。棺枢被一点点掩盖，身边的土也一点点减少，如果这些土没有用到尽头的时候那该多好，他还能假装恩师还在，只是他默默地躺下，不能言语。

所有人都心疼他，却无力阻止他，他是那样全神贯注，灵魂都处在飘散的状态，大家生怕一不小心吓走了他的魂魄。

最后一把土结束后，李商隐晕倒在地，他把恩师的恩情一点点藏在这些土里，陪伴着恩师，从此恩师将不在他的身边，却永远地活在了他的心里。

李商隐再次醒来，有种不知今夕是何年之感，感觉时间过得太漫长，那种痛却遗留了下来。令狐绹一直在劝解这个执拗悲痛的人，对令狐楚的死每一个人都很难过，可是除此之外又能怎样，既然不能一同死去，那何不珍惜以后的生活。

李商隐明白，如果恩师看见他最得意的弟子这样的落魄不堪，他会不高兴的，他最骄傲的学生怎能如此颓废、软弱？是的，逝者已矣，生者还需要向前看。

李商隐把恩师的最后一篇文章拿出来，想让令狐绹转交给皇上，这件事他是无能为力的。他虽然已中进士，但是还没有任命，未来的前途真的难以预料。

令狐楚一生忠勇，临死还要谏言。当初的一场朝局之变，让无数无辜的人被陷害，许多忠良之士也被罢官获罪，令狐楚想要为他们沉冤昭雪，还朝局一个清明。可是，这份遗表会实现吗？皇上会为那些无辜的大臣洗脱冤情吗？无人言说，或许人们心中都有了答案，只是不愿打破这份遗表内的一片赤诚。

令狐绹打破了此刻压抑的沉默，李商隐的身体虚弱，经过此番大悲，需要静养些时日，他建议李商隐养好身体，同他一起回到长安城。

养好身体还需要很多天，而李商隐也不想耽误令狐绹的时间，就让他先回去，然后自己再自行前往。

人死的第七日，需要写祭文来拜祭死者。李商隐题写了祭文《奠相国令狐公文》："……呜呼！昔梦飞尘，从公车轮；今梦山阿，送公哀歌。古有从死，今无奈何！天平之年，大刀长戟。将军樽旁，一人衣白。十年忽然，蜩宣甲化。人誉公怜，人谮公骂……愚调京下，公病梁山。绝崖飞梁，山行一千。草奏天子，镌辞墓门。临绝丁宁，托尔而存……故山巍巍，玉溪在中。送公而归，一世蒿蓬。呜呼哀哉！"

这篇文章囊括了师徒两人的相识、相知，最后知己一样的存在，令狐楚的爱国他知道，李商隐的固执他也懂。整整十年，如同一场梦境，是一场难解的思绪。他的恩情自己还没来得及报答，就已经离去，就让他在这尘世一点点坚持恩师的梦想，这一生为国，这一世为家。

其实，生命永远是处于延伸状态的，这一刻我们认为已经停止，但它又悄悄地在不知名的角落伸展。山重水复疑无路，柳暗花明又一村，只要还活着，生活就永远没有结束。

不用气馁，也不用妥协，看过千层帆、万重山，总有一处独好，或成为最爱。

第三章

当爱情来敲门

心中的向往

二十中郎未足希，骊驹先自有光辉。

兰亭宴罢方回去，雪夜诗成道韫归。

汉苑风烟吹客梦，云台洞穴接郊扉。

嗟予久抱临邛渴，便欲因君问钓矶。

——《令狐八拾遗见招送裴十四归华州》

青涩的年华，最不能忘怀的就是朦胧的初恋，最美的年纪，却不是最好的时光，两人相遇，最终却不能相守。

谁都有青春年少的时候，爱情的芽一点点萌发，冲破了泥土，成为一棵摇摇欲坠的小苗，在期待中苦守，在尘世中凋零。

李商隐的第一次爱意萌动还是在很小的时候，那时候的孩子都很早熟，十几岁就已经成婚生子，李商隐因为家境的问题，每日工作赚钱，很少有与女孩子接触的机会。但是，李商隐仍在命运的旅途中瞥见了一抹桃色。他总是会做些活来填补家用，那一

谁以锦瑟怨华弦　李商隐诗传

日他抄好书卷，送去王员外家的时候，就看见了她。

那一位女子，不是天香国色，也不是沉鱼落雁，可李商隐就是觉得她是漂亮别致的女子，那一蹙眉、一回首，低声细语的模样，都能让他看呆了。他发觉，原来喜欢一个人竟然是这样一种美好的感觉。

这一切都是缘分使然，李商隐也来过这家很多次，院子里有嬉闹玩耍的小姐们，每一次他都不会停驻太久。偏偏这一次望去那一眼，就让相思入了他的骨、他的心。在一群人中，她是那样独特，李商隐看见了她忽然哭泣，背对众人，滴滴泪珠落在了盛开的花上，晶莹剔透。

正是桃李争妍的美好时日，那哭泣的容颜盖过这无上春光，让他恍然觉得那灿烂的晴日，忽然乌云密布，要下一场惊雷暴雨。李商隐内心百转千回，停留却也不过一刹那，就迈着一如从前的脚步，继续去做未完成的事了。

桃花再艳，他也只是匆匆过客，只因他不过是一个寻常人家的穷小子，有何德何能高攀富贵人家的千金！他只是比别人多读了几本书，会写几首诗，可这不能当饭吃，不能换来华服，不能当钱用……在生活面前，他所有期许的一切都只是美丽的泡沫，除了增加心灵的点缀，没有实际意义。

相爱而不能，这少年青涩的还没来得及开始的爱恋，就卑微到了生活的尘埃里，被掩埋上一层层灰尘，没有了出头之日。

也许那个女子是知道李商隐这个人的，又或者李商隐从未在她的世界出现过。或许在李商隐走开的时候，没有发现随之而来的视线，那个少女也同样对他暗生情愫，只是少女羞涩难以启口。但不久后，她就会出嫁，他们之间最大的联系，不过是两条平行线上的匆匆一瞥，她的世界自始至终都与爱慕她的李商隐毫无关系。

李商隐从小就在生活的旋涡中挣扎，他太明白生活的现实了，一切的风花雪月在柴米油盐中都是最不经用的东西。

纵然爱情美好如繁花，那般浪漫、甜蜜，但是在生活的锱铢必较中，亦会磨平了激情，只剩下空洞的一生。况且，那种美好的爱情也只在他的渴望中活过短暂的一瞬。他深知门当户对是有道理的。爱是迷幻的，会让人在疯狂之中迷失了自我，但是在约定终身，激情冷却后，就只会懊悔曾经太过轻浮。那么既然还未相爱，就让一切停留在最美的心动吧。

李商隐纵使得知那位女子也倾心于自己，他也从不后悔今日的选择。这一段情爱是非，他不敢沾惹。假如不能给予幸福，何不放手，何必用徒劳无用的挣扎，给生命染上许多尘埃。所以他没有去问女子为何哭泣，只是在心里默默心痛，平稳的脚步中是匆匆离去的逃避。只是，那女子从此住进了他的心中。夜深人静的时候，他还是会不自觉地想着那位女子，想着她的容颜，想着她的身姿，还在心底勾勒她穿的淡粉色碎花裙。觉得那朵盛开的牡丹，也不及她颜色的几分之一。

他回想着，那珍贵的泪珠仿若清晨的露珠，清澈透明，又比露水多了几分滋味。少女的羞涩，未嫁的黯然，哭过之后依然还是自己，会继续玩耍，然后在某个情景中触景伤情，又回忆起这段神伤。她为何要背对众人呢，难道她的苦无人诉说，那么多的姐妹，怎么就没有人安慰她？听说大户人家的亲情总是淡薄的，相比于厚重的财产，情之一字被压在了最底下。

李商隐从不怨恨什么，即使生活如此艰难，即使爱让人望而却步，他也只是偶尔会感念神伤。他有爱他的母亲，还有相亲相爱的兄弟姐妹，堂叔对自己也视如己出。他努力地想让这些厚重的生命情感，压住他对那女子的思念，充足他内心的幸福感。然而，他心中还是空出了很大一块，想着，念着。

此刻的她在做什么呢，应该不会再哭泣了吧？他恨不能到她面前，听她一诉委屈，拥她在怀中，给她最大的安慰。

他知道心跳是这世界上最真实的事情，如果可以就把她放在自己的心上，用自己最脆弱最温暖的地方护着她，该有多好。

他的心中渐渐划过她成长的痕迹。八岁的女孩已经是爱美的年纪，偷偷地对着镜子照，羞涩得不敢让别人发现。她还去娘亲的梳妆盒中偷胭脂，不敢过分描摹，只是用小指尾部轻轻涂抹一点胭脂，在脸上勾勒出一幅山水画，最后弄得到处都是一点点胭脂红。

十岁的时候，她已经是个小女子了，穿着漂亮的绣花裙，喜欢被鲜花围绕，走路的样子像蝴蝶飞舞，长长的裙摆可以转很大一个圈。风吹起长发，飘逸得像个小仙女一样。过了孩童的年纪，生活中就不能只是玩耍，男耕女织，空闲在家的日子也需要琴棋书画来度日。一曲高山流水，充满清新之意。

十五六岁的年纪，就思念未见的情人，她或许不知道那个人是谁，不知道情人的模样，但她就是思念，还未恋上，就已害了相思之苦。

李商隐嫉妒那个虚拟的人物，明明如浮云一样的人物，也能勾起人内心的伤痛。想着她的模样，内心有点甜、有点涩，爱恋的感觉再美好，也只是挨不到天明的暗恋。那么今夜就放纵地去思念、去杜撰，假设在一起的美好时光。

此时，李商隐仿佛看见身旁有一女子，缓缓地磨墨，他在那里写诗，女子偶尔低头浅笑，不过突然脸红了。原来是李商隐写了一首情诗，两个人在月下你侬我侬。他们做着最无聊的事——数星星，这也是情侣之间的小浪漫。李商隐看过的书籍很多，但是对爱情接触得很少，他只能凭借书本中的只言片语，勾勒出美好的蓝图。

夜还很长，梦还未完，就像在画一幅画，勾勒出心中向往的轮廓，再一笔笔添加梦中的向往。只是一次次地挑剔，一回又一回地不满意，总是觉得还可以更好，这段思念还可以更美。

当梦醒，曲散，画色消散，今夜只有爱恋，明日过后就要想念，甚至拥有得不到的思念。小小的爱恋，没来得及萌发，就注定凋萎，多年之后，或许不会记得那个女子，但相恋的感觉已经化成生命的一部分，沉淀出一个多彩的人生。

当时已惘然

> 锦瑟无端五十弦，一弦一柱思华年。
>
> 庄生晓梦迷蝴蝶，望帝春心托杜鹃。
>
> 沧海月明珠有泪，蓝田日暖玉生烟。
>
> 此情可待成追忆，只是当时已惘然。
>
> ——《锦瑟》

后来的他，进入了令狐楚的门下，而他生命中，又迎来了另一个女子。

第一次的相见，只是他隔着遥远的夜幕看着欢笑中的她，第二次，她就已经在他眼前歌舞了。窗外是黑色的夜幕，闪烁几颗零落的星星，而屋内灯火通明，歌舞不断，她肤如凝脂，面若桃花，一身华丽的七彩霓裳，如一只展翅的凤凰，在向人们炫耀她的美。

一舞完毕，女子下去了，也带走了李商隐的心。素来研究诗词曲赋的才子，这一刻，面对漂亮的女子竟然不知自处，只剩一颗心茫然不知所措。他从未见过如此漂亮的女子，姣好的身段，绝世的容颜，还有一双溢满了孤独的眼睛。李商隐喜欢她，但并不喜欢她的那双眼睛，他想要去除那双眼睛中的孤独，让它充满欢乐。

李商隐还是会情不自禁地把一切想象得很美好，但当下一次相遇，看到女子坐在令狐楚的儿子八郎身边时，他便无可奈何，甚至连上去相谈的勇气都没有。满满的心意，在一瞬间就蔫了，爱情的果实还没有成熟，就凋零萎缩了。

锦瑟只是一介歌女，能混迹在上流人群中已是一种荣幸了，何况与人为妾。人们一方面赞叹她的美，一方面又鄙夷这种美。身份卑微的锦瑟只是一件转让的货物，在他人手中辗转。

看着这一幕，李商隐的内心是极度悲凉的，明明是极度的渴望，却总是无能为力。既然无法改变那就只能远离，所以李商隐总是刻意地绕开的。李商隐只在心里默默地喜欢着锦瑟，既然告白不能改变什么，就不用再让一个人徒增烦恼了。这段爱情，自始至终都只是一个人的爱情。他喜欢上一个现实中的人，却一直是假想着恋爱，一个人臆想那女子的喜怒伤悲。在患得患失中，他猜测着锦瑟的未来。只是，想得越多就越复杂，越明白自己没有任何机会。

他们之间的相遇，只不过是来证明有缘无分这件事。一介寒衣，如何能守住如花一样的女子，茅草屋怎能掩盖得住那样的风华。于是，在他的梦中除了金榜题名还多了一个美丽的女子，终日在脑海中纠缠，逼迫着李商隐只能发疯似的努力。

虽然令狐楚待他如亲生，只是当感情枯竭后，他还是一只丑小鸭。只是脱去了那层华丽的外表，他还是他，从未改变。他一直远远望着那个女子，不敢走近。为了彼此，也为了保护心底深处的可怜的自尊。他虽然才华横溢、文采斐然，内心却一直是自卑可怜的，虚无的外物从来没有掌握在手里的权力更让人有安全感。

他终日刻苦学习，埋头于作文赋诗中，竟然也慢慢抚平了心底的伤痛。他甚至想过，如果再见锦瑟或许他不会再转身逃走，而是走过去说："这么巧，你也在。"

他假想的一切美好都在得知温庭筠和锦瑟两人心心相印时崩塌。原本平静的心湖波涛汹涌，一道晴天霹雳，让他几乎要粉身碎骨。原来他一直以为的逃避，只是懦弱和自卑的借口，温庭筠怎么能和青年才俊八郎相比，这两人竟走在了一起。他喜欢上了这样一个高洁的女子，却碍于内心的繁杂心思，在还没有机会争取的时候，就已经失去了。

那一年，堂叔去世，他还没有去科考，就注定了落榜，可是他没有后悔。他自负一身才华，总不会因为失去这一次机会，就被打落尘埃。那一年，李商隐还只是个少年，是初露头角的才子，一切都想当然，却不知，水到渠成从来就不是一个定理。

等他再回令狐府，一切早已是天翻地覆，人还在，只是其他都变了，感情变了，人性变了，许许多多不在意料之中的事情都发生了。

温庭筠离开了令狐府，他是应该离开了，在这几年中虽然衣食不缺，但这从来不是他想要的。温庭筠足够勇敢，所以他离开了，坚定地去寻找未知的将来。

李商隐佩服他的勇敢，又同情他取舍中的无奈，如果温庭筠被重视，又怎会放弃安逸的生活和爱恋的女子，远走去流浪呢？

在李商隐不在的时候，锦瑟和温庭筠的爱情依然没有花开灿烂，两个人还没有展开一段轰轰烈烈的爱情，就在现实面前妥协了。温庭筠写词，锦瑟歌唱，那样美好的时光再也不会有了。

李商隐内心是有些窃喜的，这是不是说明，他还是有机会的，美人芳心还可能会青睐于他？

一切又回到了原点，锦瑟终日与八郎厮混在一起，李商隐臆想着两个人以后的美丽，只能在夜半无人时叹息，岁月已苍老，谁都回不到曾经纯真的那个时代了。

后来，李商隐离开了这个给了他无限照顾的地方，也让他看清了现实的地方，他彻底地失去了锦瑟的消息。

不知不闻，就自己以为她是过得很好吧，就算是一种自欺欺人，也是在心里留一些美好。

后来的后来，他还是听说了，锦瑟终日待在暖阁，也不出来了，那绝世的舞姿旁人再难见到。再后来，只有她一个人在屋子里寂寞地歌舞，看着铜镜中自己老去的年华，无能为力。如果两个人之间不存在爱情，那等到恩宠不在，也只能独自诉说荒凉了。

等到他自己也老了的时候，再想想如今，应该也是不知道该说些什么吧。

爱恋得复失

相见时难别亦难，东风无力百花残。

春蚕到死丝方尽，蜡炬成灰泪始干。

晓镜但愁云鬓改，夜吟应觉月光寒。

蓬山此去无多路，青鸟殷勤为探看。

——《无题》

爱情总是来得那么出人意料，让人在惊喜中接受，失去的时候又茫然失措，怀疑自己是否得到过这份爱。其实，爱是一种责任，是一种信仰，是在翻滚的思绪下，最顽强的那根红线，缠绕千匝，也依然不改那缠绵悱恻的本色。

两人的相爱原本也不在意料之内，只是自然而然地就走到了一起，就想和对方共度一生。李商隐这次的爱情来得那样猝不及防，在低眉回首间，心就映下了彼此的容颜。但是命运多舛，仕途坎坷，这次的爱情是否也会如他人生的主旋律一样，依然悲情蔓延呢？

那一年，李商隐科考失利，一个人喝着闷酒。他茫然四顾，不知道要到哪里去，此刻天下之大，竟然没有一个想去和可以去的地方，仿佛命运为他设下了无形的牢笼，锁住了他的心。

那些熟悉的面孔在脑中不断浮现，挣扎的，慈悲的，漠然的，现在他都不想面对。他需要沉淀一下心情，去到陌生的地方，放下自己的情绪，做回从前隐忍勤奋的李商隐。

在路上他碰到了一个叫张永的人，也是落榜的士子。同是天涯沦落人，都不愿面对熟悉的人，所以两人相约来到了玉阳山道观。与其在阴暗的官场中争斗，不如在这仙境般的世外之地，修身养性，下棋品茗，过一段快意的生活。

李商隐并不是真的就沉迷于道，也没有决心这一生都离开官场，只是每一次失败都是一个伤口，需要良药慢慢地治疗，让伤口一点点愈合，才能再次接受挑战。

其实李商隐也是很向往学道的生活，觉得穿上黄色道袍，戴个道冠，也别有一番诗情画意。而诗词简单纯粹得就如这满山的花草，盛开在无人采摘的角落。但是，这只是一次简单的散心，李商隐即使喜欢也从来没有想过永远过这样的日子。生活永远不能让人随心所欲地做选择，他的生命从来不是自己的，不能只为自己自私而活。

初到道观的几天，张永总是领着李商隐四处游览。山上有一女观，很多皇家女子都来这里学道，宫里出来的人，哪一个不是万里挑一的，于是这两个流浪子就去偷偷地看。遗憾的是，他们没有看见什么公主，但仅是几个宫女就足以撩人魂魄了。如此美丽的人被锁在紧闭的牢笼里，像花朵寂寞地绽放，孤独地凋零。她们在夜晚，看着繁星的天空，星星闪烁着光芒，她们的眼睛眨呀眨，就流出了泪珠。

大好年华，正是一生中最美丽的时节，有着最漂亮的脸蛋、最完美的身材，却品尝着人间最孤寂的滋味。繁重复杂的宫装勾勒出动人的曲线，仿佛只要一甩广云袖，她们下一刻就能飞回到天上。但是，天上有空寂的广寒宫，人间有冰冷的冷宫殿，哪一个都伴随年华碎裂的声音。

几次之后，李商隐就不再一同去了，他不想带着猎艳的心情前去，回来空守满地心伤。他觉得那些女子可怜、可悲，美丑与否都无人看。

李商隐热衷于去无人的地方，顺着哪个蜿蜒的小路，在眼前是豁然开朗的另一片人间仙境。浓浓的夏天，层叠舒缓的绿色，罗列在感官的每一个角落，杂乱的层次感，却由内而外地舒畅。

这一日，李商隐在树林中随意地走动，偶然听见忽远忽近的琴声。那琴声悠悠，如同一个女子在缓缓地讲述她的心事，柔软安静中，又略带女子的怅然。这让他平静的内心忽然起了波动，就如同一汪平静的湖面上，泛起细小的涟漪。

他感觉心中的柔软瞬间被击中，猛然转身，就看见一身白衣的女子，向这边缓缓望来。一瞬间电光石火，烙印了永恒的初见。

她是宋华阳，他把她的名字深深地印在了心底。

沧海桑田的过程，回到现实也不过刹那，李商隐觉得魂魄随着那双眼睛回到了那女子的身体里，他沉沦了，他愿为她生，为她死。这一生，他只愿与她在一起。什么都是云烟，匆匆如浮云飘散，李商隐的星空中，只有那一轮明月，所有的星光都愿意跟着月亮旋转，陪着它阴晴圆缺。

李商隐是一个诗人，他把无数复杂的情感都融化在短短几个字里面，一眼万年，一字千秋，一切的繁华荣辱都在那一个字、那一首诗里面。一个是山下求道的落魄学子，一个是公主身边的贴身侍女，都不是什么自由身，约会也只能在空旷无人的场所，匆匆诉说彼此的相思，细数蔓延的红豆。

"春蚕到死丝方尽，蜡炬成灰泪始干"，这是他给宋华阳的爱情誓言，这个誓言立得慎重而情深，爱一个人，似春蚕到死，似蜡炬成灰，只是，不管能不能实现，那时那人，至少是一片挚诚的。

爱到极致，无关其他，在彼此的眼中，身旁的她，就是最美丽的风景，包含了世间一切繁华，让人沉溺其中，奢侈地享受。

他的眼中，满满的全是美丽的爱人；她的心中，满溢出来的全都是爱恋。李商隐全身心地沉浸在这场爱恋之中，他虽说不算是初出茅庐的少年，但是毕竟经历的感情过少，这段爱情的热度好像要让他灼烧起来。

两人每次约会都要偷偷摸摸的，只有公主离开的几天，两人才得以不用在见面的时候小心翼翼、心惊胆战。

那一日，两人依旧花前月下，一对才子佳人，许下这一生的山盟海誓，一个非君不嫁，一个非卿不娶。这时，突然来了一队侍卫，把两人分离开来，门口站着公主。李商隐撕心裂肺地嘶吼没能让他和爱人的距离再近一些，从此后，是谁也不会想到的永别。心爱的人在远离自己的地方被惩治，这让他的心很痛，鲜血在心底汩汩地流淌，那撕心裂肺的疼痛，让他不能呼吸，几乎无法再存活下去。

公主坐在椅子上，高高在上地俯视着瘫软在地的李商隐。她命令李商隐从此离开，不许再见她的侍女。她身旁的人，心里怎么能有比她这个主子还重要的人，她不能忍受，出身高贵的公主才是侍女的唯一，才是最能主宰他人命运的人。

从黑暗的宫廷中出来的，从来不是心慈手软之辈，在龙潭虎穴中都能存活的人，不会有小兔子般的柔情和温顺。李商隐誓死不从，这段爱情已经是他的全部，没有了爱情，就没有了生命。可是他能够主宰自己的心，却改变不了现实。最后，两人再也没能见一面，从此天涯永隔，没有了彼此的消息。

从前的幽会，仿佛就在眼前，却骤然成空，他满腹悲伤，写了一首绝句："沟水分流西复东，九秋霜月五更风。离鸾别凤今何在，十二玉楼空更空。"这是他爱情上的一次错失，今生不复得。

第二天，李商隐就被侍卫强行赶出了道观，他又成了一个无家可归的人，没了爱人，丢了心，在这世上苟延残喘。他不是没想过一死了之，只是少了一个人相约，他不知道面对孟婆汤该如何选择，这一生已爱得如此痛苦，求而不得，那么下一世，这破碎凋零的心，还怎么给这份爱情一个圆满。

多情空遗憾

　　　　　风光冉冉东西陌，几日娇魂寻不得。

　　　　　蜜房羽客类芳心，冶叶倡条遍相识。

　　　　　暖蔼辉迟桃树西，高鬟立共桃鬟齐。

　　　　　雄龙雌凤杳何许？絮乱丝繁天亦迷。

　　　　　醉起微阳若初曙，映帘梦断闻残语。

　　　　　愁将铁网罥珊瑚，海阔天翻迷处所。

　　　　　衣带无情有宽窄，春烟自碧秋霜白。

　　　　　研丹擘石天不知，愿得天牢锁冤魄。

　　　　　夹罗委箧单绡起，香肌冷衬琤琤佩。

　　　　　今日东风自不胜，化作幽光入西海。

　　　　　　　　　　——《燕台诗四首之"春"》

　　其实，李商隐在未遇见七小姐晚晴之前，还有过一段刻骨的爱情，那爱让他心死成灰，而最终七小姐让他的心死灰复燃。他轰轰烈烈地爱过、痛过，最终在似水流年里幸福着。而那段爱，在经历红尘岁月后，已经刻骨、难忘。

洛阳的春天繁花盛开，让人心生浪漫。在江南的烟雨中，在青葱的年少时光里，总有一些命定的相遇，会蔓延成缠绵的爱情故事。它或许会成为生命中的遗憾，但也留下一串深深的情感足迹，编织在记忆的锦缎上。

记忆中那位女子站在柳树之下，向李商隐挥手，温婉明媚地笑着，好像在说，我在等你，你快回来。

当年，李商隐重返洛阳，再度投身这个温暖又沧桑的城市，感受这里的春日迟迟、满城芬芳。他想在春暖花开中赋诗一首，在惊鸿刹那间定格永恒的美丽。风景可能会消失，但诗词能让这幅美丽的风景在世人心中永恒。

李商隐有位堂兄名为让山，对自己堂弟的诗情颇为崇拜，常常是第一个将李商隐的诗句拿来品读，感受其中味道的人。李商隐虽然可以七步成诗，但是那《无题》之中的底蕴，是经过时间的酝酿，一点点散发美丽芳香的。每一个字都是用心琢磨出来的。

一日，让山在门前诵读李商隐的诗歌《燕台》，在抑扬顿挫之间，世界仿佛顿时春光明媚，但是在内心所感知到的意象当中，又仿佛隐藏着不寻常的情事，使人心神摇曳，又莫名感到淡淡的幽思。

书中自有黄金屋，书中自有颜如玉，李商隐的诗中是瑰丽的风景，让人在平淡中看到它的独特。彼时，沉醉其中的却又不止让山一人。一位立在柳荫下的女子已经听得呆了，半晌才回过心神，焦急地向让山询问："谁人有此诗情？是谁人写出了如此动人的诗句？"

这女子正是让山的邻人，名唤柳枝。让山抬头望去，看到春风拂动着她柔软的长发，她的眼睛里写满了期待。让山回答道："诗是我家年轻的堂弟写的。"言语中带有几分得意。

只是谁都没有想到，李商隐就这样迎来了一段爱情。缠绵悱恻的诗句，让每个女子都向往成为其中的女主角，迎来一段轰轰烈烈的爱情。

柳枝闻言，立即不假思索地扯断了腰间的丝带，打个结，交给让山："请务必转告您的堂弟，小女子向他乞诗一首，请他在腰带上题诗相赠。"

在当时以懦弱隐忍为社会主流价值的古代女子当中，这位柳枝姑娘的举动，无疑是令人意外的。其实，在李商隐的情感世界里，柳枝并未占据过多的篇幅，而她的名字却被烙在了李商隐的诗篇中，想必与她的勇气与果敢不无关系。

这样的女子，是很容易让男人心动的。当让山将这一日的遭遇讲给了堂弟，李商隐果然有所动容。

第二天，李商隐与让山骑着马，穿行在巷子中，便遇见了那位梳着双鬟的少女，她两手交错站在家门口。风吹柳动，柳荫中的灵雀调皮地跳跃着，少女美丽的容颜微微泛红，春意暗涌。此情此景，足以让血气方刚的少年李商隐在心中涌起一阵热流。

柳枝早已心如小鹿乱撞，但依旧不改爽朗的个性，她伸出纤纤玉指，指着李商隐对让山说："这位就是李公子吧？三天之后，我会去水边浣洗罗衫，到时我会燃起香炉，希望公子可以前去相会。"

这样的举动，不是寻常女子能做出来的。而且在柳枝的举手投足间，没有半点扭捏，显得落落大方，又十分真诚。

故事的开头是顺利而又完美的，一对两情相悦的男女似乎应该顺理成章谱成一段美好姻缘，命运却在此时开了个残酷的小玩笑。一个与李商隐约好·起去长安的朋友，竟然搞起了恶作剧，将李商隐的行李偷偷拿走，提早离开了。李商隐焦急万分，对于他来说，行李是次要的，但入关的谒文是至关重要的。于是，无奈的李商隐只好放弃了三天的约定，快马加鞭去追赶已经出发的朋友了。

对柳枝来说，三天的等待是漫长的。当她手捧香炉，满怀期待伫立在水边的时候，却不知自己刚刚萌芽的爱情已经接近了尾声。黄昏时分，心碎成片，溪水的流淌声，遮掩不住少女的抽泣声。

这年冬天，银装素裹的长安格外寒冷。李商隐望着漫天雪花出神，不由自主想起那个美丽的身影，久久不能回神。一日，雪景里走来了让山，他带来了一个令李商隐震惊的消息：柳枝已经嫁与东诸侯为妾。

李商隐仿佛瞬间回到了那个相遇的午后，记忆如洪水般倒灌，他甚至连柳枝的每一个神态都回想得清清楚楚。李商隐知道，终是自己负了这位多情的女子。

往事已矣，除了捶胸悔恨，他已无能为力。春节之后，让山返回洛阳，李商隐特意题写诗句，拜托让山回家后写在柳枝故宅的门上。

她赠他生命中最初始的纯白之爱，他却还她一个草草收场的狼狈结尾。他掐灭的，是她生命中刚刚燃起的光亮。这罪孽，成了李商隐心里永久的一根刺。

执子之手，与子偕老，可在那个伤心的洛阳之春，女子刚刚伸出因为期待而微微颤抖的手指，摆出一个暧昧的手势，就听到了年华瞬间老去的声音。

误了柳枝的约，李商隐虽有遗憾，但未曾后悔过。在花好月圆的时候，他会在心里祝福远方的她生活幸福，会希望她人月两团圆。殊不知，在地球的另一端，有个女子也在仰望月亮，她需要的不是祈福，而是爱人的手，拉着她远离深渊。

音乐缓缓响起，宫商角徵羽，琴拨弦转，美丽的乐师开始了弹奏，人们仿佛进入一片仙境，漫天的花朵飘落，这时突然闯入一个仙子。她穿着五彩霞衣，手拿着七彩飘带，翩翩起舞。

也许是命运听见了柳枝渴望的呼声，让他们再次相遇，那时，她彩色的长裙在地下拖曳出一个个弧度，一个个彩色的浪花，在地面波荡而起，身上的环佩叮当作响，又好像是一个少女在顽皮地耍闹。柳枝清纯的面孔，带着那么一丝妖娆妩媚，如下凡的仙子沾染了人间的气息，总是在不经意间产生诱惑，让人陷入她设置好的陷阱，而她却已飘然转走，再难寻得。

她舞出了一种极致的诱惑，而这样的诱惑没有几个男人能承受得住，不在那美中迷失自我。李商隐沉浸在这美丽的歌舞之中，心醉于靡靡之音，他完全地放松自己，暂时忘却生活的忧愁烦恼，静心享受这一刻。

只是当两人目光相触的那一刻，李商隐顿时觉得头脑中电闪雷鸣，他茫然地伸出手想抓住那个跳舞的仙子，可是伸出去的手又那么无力，只能颓软地垂落下来。他宁愿永远不曾相见，宁愿一厢情愿地以为她过得很好，虽然嫁人为妾，但是得到夫君宠爱。然而，世事无奈，诸多与愿相违。

她成了这夜宴中的舞娘，他成了一个多情的欢客。他们只是目光相遇了刹那，便转过身。彼此都已经变了模样，他已不再是几年前冲动的少年，她的开朗也已隐藏在如嫣的笑容下面。

如若那天，他去赴约，或者一纸书信，告诉她不能赴约，结局是不是就会改变？但是世间没有如果，只有因果循环。

"柳枝！"他想问她，这些年还好吗？只是万千疑问哽在喉咙里，最后只是吐出这两个字。

过得怎样，好吗？如若回答说不好，他该怎样回应，如若说好，这一切又该如此解释。怎样的回答，都逃不过他的自欺欺人。

"我没有想到，会在这里遇见你。"

"我也没有想到，我以为今生都不会再见到你。"

说不清的百般滋味，他只能举杯而尽，任烈酒灼烧湿冷的胸膛。

柳枝，柳枝，弱柳如纸，她比从前更加纤瘦了，以前只是清风摇曳，如今柔弱如柳。

如今的他只得眼睁睁看着她在别人怀中挣扎，最后又安然顺从，他什么都不能做，只能一杯又一杯地喝酒，醉了，就可以忘了这一切，忘了今天的事。

几年前，他为了梦想奋力拼搏，如今，头破血流之后，他的梦破了，依然还是一个无用的人。他什么都不能做，也什么都做不了，他只能装作陌路。也许，看不见彼此，彼此的伤也不会落入眼中。

李商隐起身，来到外面看沉沉的月色。八月的院子里，桂花飘香，风舞阵阵。看到柳枝也来到了这里，李商隐从怀中掏出了一条丝带。柳枝隐忍许久的泪水刹那间涌出，明明哭得歇斯底里，却偏偏没有一点声音，这几年，她到底是如何压抑自己的，连哭都不能放纵。

这条丝带算是两人的信物，柳枝用这一条丝带邀约，最终却空付了美好。几年过去，物是人非，即便黄丝带还保留了当年鲜艳的色彩，如今也只是如枯败的落叶，坚守最后一点色彩，证明它曾经来过世间罢了。

柳枝向李商隐缓缓讲述了始终。那一年，她静静地等他，却没有等到他的到来，却被一个富商看中，她的家境一般，根本无力对抗，迫于无奈就只能嫁过去。最开始的时候，其实生活还是很好的，虽然是小妾，虽然有时候会被人欺负，但是老爷对她很好。她以为这一生就这样地生活下去了，没料到，天有不测风云，人有旦夕祸福，发生动乱了，老爷死了，家也散了，她这个小妾也没什么财产，无奈之下只能流落青楼。

她慢慢地学会了歌舞，学会了弹琴，学会了在青楼安身立命的东西，熬出了头，成了花魁。即便成了花魁，一旦离开了这个地方，依旧只是个卑微的走投无路的女子。

柳枝只是轻轻地诉说，仿佛无悲无喜，她已经习惯了悲伤，忘却了疼痛。李商隐在心中暗恨自己，如若那天他去赴约，她就不会受那么多苦。

李商隐决定补偿柳枝，同时他也在等，等一个最好的结局，然后拿出美好的一面去接柳枝。可是等他后来被封了官，去见恩师的时候，才知道美丽的柳枝已经香消玉殒了，她在最后一刻都还念着他这个无良的人。

他再来到那青楼的时候，对里面已经没有了期待，即使是熟悉的景色，里面没有那个人，也只是死气沉沉。

听说柳枝很久以前就生病了，只是那时候两人见得少，李商隐没有发现。后来柳枝的病严重了，终日咳嗽，已经不能再接客了，自然也从头牌的位置下来。

其实还没有再次遇见李商隐的时候，柳枝根本就没有想过未来，那个时候她的病就已经初见症状了，只是她对生死都已经无所谓了。李商隐的出现，让她重新燃起了对生的渴望，她认真地看病，积极地治疗，她想要等他回来，想要成为他的妻子。

"上穷碧落下黄泉，两处茫茫皆不见。"可怜的女子，来生若爱，不要爱得这么深，这么卑微，空留永远不能弥补的遗憾。

初次的相遇

对影闻声已可怜，玉池荷叶正田田。

不逢萧史休回首，莫见洪崖又拍肩。

紫凤放娇衔楚佩，赤鳞狂舞拨湘弦。

鄂君怅望舟中夜，绣被焚香独自眠。

——《碧城三首》（之二）

爱情就是一条河，谁都是摸着石头过河的。李商隐在河水中飘荡了很久，在身心俱疲的时候，终于停靠了岸。

爱情，发生在一段岁月之中，当时光流逝，可能终将老去。而婚姻，维系的却是一生，无论你走到哪里，心中始终有一个声音在呼唤，那是从家里传来的。李商隐一生仕途坎坷，情路也并不如意。他走过春夏秋冬，看过繁华荒凉，每一次以为是终生停靠，原来不过是下了一场美丽的烟花雨，雨停了，还要继续走下去。他的爱情与他的命运一样，都由不得他自己。

谁以锦瑟秦哀弦　　李商隐诗传

遇见她的时候，正是李商隐一生中最得意的时候。那时，他终于金榜题名，考取了进士，他以为美好生活就在不远处了。当在榜单上看见自己的名字，他激动得无以复加，想要大声地喊出来，压抑了那么多年，这一刻，终于可以扬眉吐气了。

　　"原来他就是李商隐呀。"这个声音响起后，李商隐还没来得及去看，那边轿帘就已匆匆落下，他只看见一只纤细的手，戴着一只翠玉镯子。但是只单凭这清脆柔和的声音，他就可以断定，那一定是位美丽的女子。

　　这就是两人的第一次未见的相遇，还没有来得及相见，就已经各自离去。当时的李商隐，自然不会想到这是以后与自己共伴一生的人。当时的李商隐，亦不会想到，这一次美丽的相遇，亦是一个矛盾的开始。恩师令狐楚是牛党中人，而这小姐的父亲王茂元却是李党中人。他未来即将面对的，是两难的抉择。

　　不随波逐流，也不愿就此屈服，李商隐在党派之争的夹缝中生存，他只是想做一点实事，为百姓造福，却如此艰难。即使他考上了进士又如何，就算他名扬四海又如何，依然抵不过当权者的一句话。

　　夜晚，他登上城楼。站在这片陌生的土地上，李商隐感觉未来如今日的夜空，星星寥落，黑暗一片。李商隐看着星空，心里的愁、眉头的纠结，串联成无形的网，把这个瘦弱的诗人捆绑。谁能驱散这浓稠的黑幕，还星空一片明亮，让他可以看见最美的风景？

　　他放空了自己，把视线停在很远的地方。这时，琴声响起，仿佛天外之音，把他丢失的魂魄拉扯回来。

细腻的曲调中，有淡淡的忧伤，像是在慢慢诉说一个故事，轻柔和缓。李商隐感觉那颗枯萎的心又重新被注入了生机，轻缓的琴曲带着他走入了一个世外桃源。他仿佛听见了水流动的声音，如此鲜活。生命就是这样，一瞬间就能苍老，刹那又可恢复年少。

没有烦恼，没有忧伤，琴声轻缓似水，潺潺地流动。仿佛有一双温柔的手在抚摸内心，那双手如此温暖，温柔缱绻，让他忘记了许许多多的烦恼，沉浸在无忧无虑之中。琴声停止，李商隐还深陷其中无法自拔。其实，如果可以，他想一直活在其中，只是现实有太多让人放不下。

一位一身白色纱衣的女子怀抱着焦尾古琴，姗姗而来，竟像是画中走出来的。不说那出众的容貌，只是那股脱俗的气质，就已经是风华绝代了。尤其是抬头的那一霎，让人知道，原来仙女也能如此娇羞可爱。李商隐瞬间明白自己太过直愣的眼神有些失礼，恐惊扰了佳人，匆忙道歉。

一个是多情才子，一个是红粉佳人，在花前月下谈的不是红尘之事，而是谈政治、谈理想。李商隐从未觉得有哪个女子可以如此了解他。

这一刻，李商隐把自己最柔软的一面展现在她面前，不怕被伤害。她是如此温暖，每一句话都如春风拂过，带给他暖洋洋的慵懒。相知在相交，女子把李商隐理解得如此透彻，而李商隐却还不知道她的名字。他只怕天亮后这一切都只是一场梦，一个仙女来到了他的梦中，然后又翩然飞走。

　　缘分使然，这女子竟然就是王茂元的七女儿晚晴。王茂元是当地的节度使，也是李商隐现在所投奔的幕府。原来过了这么久，两人才相识相知，如果早一点相识，恐怕现在都已开始相思了。

　　在长安，王茂元曾和李商隐一起喝过酒，酒酣之际，还提出要把自己最喜爱的七女儿许配给李商隐，李商隐那时因为情伤未愈，赶忙拒绝了。

　　大家都只当结亲的事情是一句玩笑话，酒过之后就忘记了。谁知今日一见，李商隐竟忽然对那日的推脱觉得有些遗憾，这个女子懂他，定会怜他、爱他。

　　李商隐现在也只是一个脆弱的人，谁说好男儿一定要永远坚强，他也需要一个肩膀依靠着来疗伤，而不是一个人躲在孤独的角落默默地舔舐伤口。

　　他的爱情之路何其艰难，总是在最美好的时候就遭遇狂风暴雨。如今，他爱得太疲倦，如同远归的候鸟想要返航，回到那个叫家的地方。他已经不想再这样一个人飘零，需要夜里有人互相依偎取暖，白天给他补衣做饭，开心时可以共同分享，失落时给他抚平皱纹。

　　七小姐不一定是李商隐最爱的人，但她一定是李商隐这一生最重要的人。现在的他，不知道这段相遇的时光是不是最美好的，遇到的这个人是不是最正确的，但是在后来的日子里，他们两个人做到了携手一生，一起走到了白头。

一生一双人

昨夜星辰昨夜风，画楼西畔桂堂东。

身无彩凤双飞翼，心有灵犀一点通。

隔座送钩春酒暖，分曹射覆蜡灯红。

嗟余听鼓应官去，走马兰台类转蓬。

——《无题》

此生，他永远忘不了她回头的那瞬间，那是生命中一直最灿烂的地方，即使在很多年以后，她已经离开，他也已经头发花白，那个美丽的女子形象依然在记忆中鲜艳如初。

七小姐晚晴，就是他生命中的晴天，有了她的日子，即使雷雨阵阵，头上也始终有一把伞，他知道那是晚晴。她在他沉溺于一次次的失败之中时把他拯救，温柔的她如冬日的太阳，柔和而淡然。

不会激烈得如海啸，也不需要生死相随，一直就是那样平静

谁以锦瑟怨哀弦 李商隐诗传

简单地生活，却比山盟海誓更为可靠。他这一生都不会负她，也盼望来世不再相遇，不相遇，便不相知，更不会相爱，她就不用再陪自己守这份贫穷悲苦。

当时，李商隐空有一身才华，却处处受到排挤，独立于牛派、李党之外，李商隐自成体系，所作所为都只为百姓，却被双方互相嫌弃，落得飘荡不定的下场。看着奔腾的河水，数着天上的星星，在无数个孤单的夜晚，他只能一个人独话凄凉。可怜人的自怨自艾，无人诉说，无人解答，在自我安慰中，等着疼痛的伤口结痂。在朝中备受打击，李商隐只得无奈地离开了长安，来到桂林当幕僚。而当时的节度使王茂元，也就是晚晴的父亲。

那是一段最美的时光，有最自由的恋爱，有很多的时间。两人一点点累积，慢慢地互相了解、互相倾慕，最后结为连理。爱情拥有神奇的力量，可以无视一切烦恼，正视身边最真实的快乐，如果能一直这样该有多好。

"深居俯夹城，春去夏犹清。天意怜幽草，人间重晚晴。并添高阁迥，微注小窗明。越鸟巢乾后，归飞体更轻。"远离京城，远离那些政治上的钩心斗角、同僚之间的尔虞我诈，他选择遗忘现实，觉得这淡淡静谧的时光是如此美好。

在优雅僻静的环境，春去夏来，花草在嫩绿和翠绿之中转换，时间慢慢地过渡。一年四季，春夏秋冬，就和人生走过的悲欢离合一样，总是反复更换替代。

这一场雨持续了很久，从天亮的时候就一直缠缠绵绵如丝线般坠落。雨丝缠绵，在只有自己的时候，就会显得格外孤寂。阴霾的云遮挡了阳光，照不到心里面，孤独的人内心就只有一片模糊的黑暗，会无来由地焦灼无奈，会有莫名的伤感来袭。

雨过之后，万物复苏，就感觉花草都重生了一次，而人的心情也随着缓缓出现的阳光逐渐好转，就像也被洗涤，变得清澈透明。今天天气放晴的时候，已经快到了傍晚，站在阁楼之上远望，夕阳的余晖洒下，形成斑驳的影子，拼凑出残缺的日暮图。在黑白相交间，人们才会明白光明的来之不易，有了对比，才会明白晴天和阳光的美好。

李商隐的人生虽然一直是处于下雨的状态，但他坚信总会有出现晴天的时候。到了那一天，将有七色彩虹为他引路，他将成为世人传诵的最美丽的风景。

一个人的时候总是会想起很多，内心总是被突如其来的伤感攻击。美丽的身影慢慢在眼前浮现，他伸手欲抓住，却不知触碰得太早，梦想的泡沫会容易碎裂。

李商隐在这一端思念佳人，忍受相思苦，殊不知那侧的美人也是茶饭不思，终日念着他。彼此在不知道的地方思念，却不能勇敢地说出心中所思之人，男子的自卑，女子的矜持，让这段感情，在莫名的纠结之后才修得了正果。

李商隐的连襟韩瞻来告诉李商隐，七小姐也因思念消瘦，李商隐的内心很是窃喜，原来他不是在单相思，这场爱情不会变成一个人的痛。

其实两人之前就曾见过，只是李商隐不知道而已。那一年放榜，他所看见的纤纤玉手，那个戴着翡翠镯子的主人，就是七小姐。七小姐也是个心高气傲的人，在文采上也不比男子逊色，所以，让她折服之人，必定要有过人的才能。

再次见到王茂元的时候，这个老人异样的眼神看得李商隐心慌意乱。这时，两人不仅仅是上下级的关系，还要变成女婿与岳父了。

李商隐暗喜这段感情被揭开，从此思念和约会都可以光明正大进行，但是他又不安，这个老人将以怎样的态度对待这个倾慕他女儿的人。当日在长安喝酒，王茂元还提过要自己做他的女婿，那应该是不会反对吧，只是今时不同往日，连他都看不到自己的未来，别人又怎么会放心地把女儿交给自己这个在仕途上惨败的人。

或许当日真是一语成谶，以前两人从未见过，自然不愿与陌生人共度一生，只是如今，爱情已经酝酿成熟，就应该结成婚姻，享受芳香的果实了。

李商隐这一年二十六岁，是一个男人最好的时期，有未完全消散的少年的青涩，还兼有成年男子的成熟，散发着诱人的魅力。原来这次见面是王茂元找他谈婚论嫁，对方是如此直接爽快，开口就点明了要把女儿许配给李商隐。李商隐准备的长篇大论还未来得及摆出来，就狠狠地咽了下去。

婚姻大事怎能这样草率，有了女方的家长同意，李商隐还要告知母亲，虽然他知道母亲一定会赞成。人的一生中有两个最重要的女人，一个是自己的妻子，一个便是自己的母亲，这两个人都值得用一生去爱。李商隐请了假回家去告知母亲，为母亲讲述这段日子的经历。当然，如同天下的其他子女一样，他是报喜不报忧，看见母亲开心的笑容，他觉得受怎样的苦都值得。

这一日，他正在院中与母亲闲话家常，就看到一辆华丽的马车停靠在门口，走下来一个身着白衣的女子，正是七小姐。她心疼李商隐的母亲去自己那边会舟车劳顿，就特意过来探望，希望自己能让未来婆婆满意。

晚晴每日清晨起来就和李母一起做饭，做家务，晚上睡觉也要等到所有人睡了之后才去睡。李商隐一直知道她温柔善良，却没想到这个未来的妻子会如此贤良淑德。一位出身大户人家的女子，竟然能吃得这些苦，这让李商隐从心底感谢她。

这个女子，值得他用一生来对她好。

第四章

辗转仕途之中

忧国亦忧民

七国三边未到忧，十三身袭富平侯。

不收金弹抛林外，却惜银床在井头。

彩树转灯珠错落，绣檀回枕玉雕锼。

当关不报侵晨客，新得佳人字莫愁。

——《富平少侯》

　　那一年，他孤身踏入仕途，渴望腾云直上，光耀门庭；那一年，他一头扎进科考，不顾风雨兼程；那一年，他带着充满期待的心上路，不惧怕明天。

　　李商隐辞别相依为命的母亲，告别昔日一起玩耍的弟弟妹妹，随同堂叔迈出了改变命运的第一步。天妒英才，未来的道路上，快乐总是和磨难相伴，胜利总是和失败接踵。

　　人生能有几回搏，但凡在人生道路上取得卓越成就的人，都是那些为了梦想孤注一掷的人。只有屏蔽一切干扰，我们才能乘风破浪，到达成功的彼岸。

李商隐遇见了生命中的伯乐——令狐楚。在令狐府的那段日子，令狐楚对待李商隐比儿子还慈爱。而在令狐楚的生命尽头，李商隐也守在恩师床前寸步不离，为恩师守灵，悲痛欲绝。

从古至今，历史长河中并不乏满腹经纶、才华横溢之士，他们之中很多怀揣着治国平天下的豪情壮志却在仕途中四处碰壁，最终踉踉跄跄草草收场，怀才不遇，这是人生之大不幸。

智者是孤独的，因为他们不会为了尘世间的过眼繁华卑躬屈膝、阿谀奉承。他们有的只是粉身碎骨浑不怕的傲骨和气吞山河的豪情。他们耐得住寂寞，忍受得了孤独，最终或许以悲壮收场，或许以辉煌告终，但不管如何，他们都活出了真实的自我，诠释了自我的价值。

古今中外，能力越大的人责任往往也越大，而学富五车的他们大多有一颗心系天下、忧国忧民的心，这种觉悟总是在很小的时候就显现出来了。

李商隐从小生活的地方离京都甚远，对朝廷之事知之甚少，但这丝毫不影响他爱国情怀的流露，他会为了敬宗皇帝的荒淫无度、误国误民而悲愤，为了宦官权倾朝野、为所欲为嗤之以鼻、深恶痛绝，小小的他骨子里有一股不畏强权、愤世嫉俗的大气。

宝历二年（826）十一月八日晚上，唐敬宗带着贴身亲信宦官，出宫捕捉狐狸，这是皇上的一大嗜好，称作"打夜狐"。这天夜里，皇上一下子捉到一公一母两只狐狸，非常高兴，为了庆贺好运气，就在大殿上排宴狂饮。

一国之君当以国家大事为己任，亲贤臣远小人国家之幸也，亲小人远贤臣国家之祸也。皇上太兴奋了，又跟中官刘克明、田务成、许文端等玩击球。这些宦官都知道皇上的脾气，只能让皇上赢，不能让皇上输。真是好运气，皇上这天夜里连着赢了两个球。皇上更加高兴，接着和苏佐明等二十八个宦官狂饮取乐。皇上喝得酩酊大醉，全身燥热难忍，便在刘克明等人的搀扶下，到内室更换衣服。就在这时，大殿上的灯烛忽然全灭了，宦官刘克明等人乘机把敬宗皇上砍死，惨状让人不忍目睹。

历朝历代，宦官权倾朝野之事古已有之，多因朝廷各党派之间相互勾结争权夺利，或是皇上昏庸无道，胡乱听信谗言，局势失控，最后鹬蚌相争渔翁得利，权力落入宦官之手。

自古，兴，百姓苦，亡，百姓苦。若百姓遇上一位德才兼备的明主，真可谓是无上福音。而这一代帝王却是不务正业、骄奢淫逸之徒，这无疑给李商隐这位爱国之士以莫大的打击。

更有甚者，敬宗皇帝游宴无度，国家大事一概不管，内忧外患全不在乎。为了玩乐，他招募了一些力士，让他们厮斗取乐。在中和殿飞龙院还同宦官玩击球，大摆酒宴，让嫔妃宫女和歌妓陪伴左右，通宵达旦，直到玩得筋疲力尽。

敬宗皇帝为人所不齿的罪行一次又一次冲击着李商隐的心弦，无尽的惆怅与悲凉一起涌上心头。小小的他不惧怕权势，无所畏惧地流露心底的想法。

按说皇上每天都要躬亲朝政，上朝同百官议事。可是敬宗每月只上朝三次，每次都迟到。文武百官上朝觐见皇上时，常常从早上日出卯时，一直等到巳时，皇帝还没有上殿。有年老体弱的大臣，因为站的时间久了，支持不住，摔倒地上。更滑稽可笑的是，皇帝还常常从大殿宝座上溜下来，偷偷地跑到中和殿，找几个宦官玩，或者随便遇见有些姿色的宫女，就当着太监们的面胡作非为。在干这些勾当时，他的父皇穆宗的灵柩还没有安葬，被供奉在太极殿。

十四岁的李商隐听说这些后，被激恼了，一国之君，万民之主，难道能这样荒唐吗？那些吃皇粮的文武百官，不知道皇上的所作所为吗？为什么不拦阻、不劝谏？岂有此理，岂有此理？他一连发问，呼喊出了心中的愤懑。

李商隐生性忠义，听到敬宗死亡的消息也不禁为之痛心疾首，一方面痛心万人敬仰的一国之君，却死于一群卑鄙无耻的宦官之手，另一方面痛心手无寸铁的布衣平民，又将陷入混乱的统治。这比起那些听之任之、麻木不仁的文武百官又高尚了许多。

正义之士总是勇于走在人类思想的最前沿，胸怀大志者总是不满于现状，以天下苍生为己任。有时候他们是孤独的，因为他们是领航者；有时候他们是强大的，敢为别人所不敢为；有时候他们又是快乐的，因为他们诠释了生命真正的含义。

李商隐坐在岸边石上，凝视着水中失群的小鱼，心里翻腾着国事。他想起汉代张安世被封富平侯，其孙张放幼年就继承了爵位。汉成帝微服出宫游玩时，常常喜欢自称是富平侯的家人。而敬宗十六岁登基当皇上。少年皇上童稚无知，位尊骄奢淫乱无度，不忧虑边关烽烟，不思虑国富民强大事……想到这儿，他抓起笔，匆匆写下一首七言讽喻律诗《富平少侯》。

一个侯爵，有他自己的封地和职权，国家的忧患，他可以不忧不愁，可诗中却写他该忧愁，在这种违背常理中，让人们去思索这个侯爵，实际上应当是谁，这是显而易见的。李商隐借古讽今，折射出了他身上所具备的才华与勇气。

诗中所描绘的少侯的豪奢游乐，室内陈设的豪侈都在影射敬宗的奢侈逸事，想让人们通过这些事实，去联想和反思。

从古至今，得民心者得天下，百姓是水，君王是舟，水能载舟亦能覆舟。君王虽然位高权重，也得靠百姓支持。过去的毕竟是历史，历史的唯一价值就是告诉人们对与错。李商隐心系天下，忧国忧民，当然不会忘记当今的天子也应该以史为鉴，以身作则。

李商隐所要表达的很简单，生命一遭，时间有限，在通向成功的路上会遇到诸多路口。我们没有精力也没有时间把所有的路通通走一遍，但我们可以借鉴别人的经验，取人之所长，补己之所短。而人区别于动物的可贵之处就在于学习的能力。成功或许不可以被复制，但成功所必需的经验是可以被借鉴的。只要在生活中多看看别人成长的道路，一定能够获益匪浅。

初出茅庐的李商隐表现出了极高的政治觉悟，他只是布衣平民，他说的话、吟的诗也许没人理会、无人问津，也许有人会斥责他、打压他，可他说的确实是有道理，生于忧患死于安乐，人如此，国家亦如是。

秦人不暇自哀，而后人哀之；后人哀之而不鉴之，亦使后人而复哀后人也！这是杜牧的无奈。回思过往，在一次次的反复夹杂中，看自己的生存挣扎，商女不知亡国恨，这些文人骚客，是用生命在诉说国恨家仇。

历史的反思

山上离宫宫上楼，楼前宫畔暮江流。
楚天长短黄昏雨，宋玉无愁亦自愁。

——《楚吟》

　　那一年，风雪交加，他在漫无边际的雪地中前行，孤独地行走，一片片白茫茫的雪色，映照这个行人的孤独和无奈。跟跟跄跄，跌跌撞撞，那颗疲惫不堪的心，在一次次被伤害之后，已经习惯了这种刀刻般的疼痛。最初的激情和憧憬或多或少被无情的现实打磨得圆润了许多。然后，他站在历史的角落里叹息、惆怅。

　　生活就像大海一样，有风平浪静时的惬意，也不乏惊涛骇浪时的悲壮。命运的方舟被大海承载着，奔向未知的前方。然后，有的人在未来找到了栖息的港湾，有的人在平静中虚度一生，而有的人却在大风大浪中奋力拼搏，他们不甘心被命运主宰，不情愿方向被掌控，而他们的一生注定是悲壮的。

"长风破浪会有时，直挂云帆济沧海。"生命本就是一个奇迹，怎奈被无情的现实一次次摧残。李商隐不愿屈从命运安排，他一次又一次直起身反抗，演绎了一曲血与泪的乐章。他一生都在挣扎，自从他在心底埋下梦想的那一刻起，就已经注定了以后的日子里磨难与挫折将与他相伴。

他有一颗忧国忧民、心系天下的心，但在那个兵荒马乱、百姓困苦的年代，这样的心思只会让他的路途更加艰难，心灵备受煎熬，他只能在磕磕碰碰中踽踽前行。

李商隐生活在晚唐时期，错过了唐朝的辉煌时刻。一个即将要结束的时代自然而然会给不安于现状的心灵带来痛苦与冲击。

有人说，生活由百分之十的痛苦、百分之十的幸福和百分之八十的平淡组成。对于一个平凡人来说决定命运的转折点很少，更多的是周而复始的平淡循环。而李商隐的一生中，痛苦和磨难占了很大的比例。面对大唐王朝的日渐衰落，曾经的辉煌已经一去不复返，无力逆转的命运正在一步步摧残它曾经不可一世的风光。

历史是公正的，它有一颗怜悯的心，也有无情冷漠的一面。它给了人们主宰自己命运的机会，也给人们埋下了有朝一日繁华落寞的伏笔。然而在滔滔的历史大潮中，李商隐却承受着异样的痛苦，他一方面为了自己的仕途四处奔波，受尽凄楚，另一方面面对大唐江河日下的窘境，不由自主地感伤。

历朝历代，皇帝昏庸无能，奸臣当道，最终导致辛辛苦苦经

谁以锦瑟奏衰弦 李商隐诗传

营的基业毁于一旦。兴衰成败大抵如此。李商隐，一介书生，仕途失意的他怎阻止得了历史的脚步，只得在一声又一声的叹息声中默默地看着，这个辉煌灿烂的国度沦为历史的尘埃。

纵使无力回天，李商隐忧国忧民的心无时无刻不在跳动。安史之乱轰动天下，是唐王朝由胜到衰的转折点，在战争中，人民群众特别是黄河中下游人民遭到了空前浩劫。北方经济受到了极大破坏，洛阳四面数百州县，皆为丘墟，出现了千里萧条、人烟断绝的场景。同时，唐王朝的中央力量削弱了，各地出现了四十多个大小军阀，形成了藩镇割据的局面。

历史的浩劫折磨的总是布衣百姓。安史之乱的教训是惨痛而深刻的，封建统治阶级内部争权夺利的战争，威胁的不仅是百姓，也威胁了一代王朝。安史之乱有诸多原因，但最主要的罪责在唐明皇身上，这一点李商隐心知肚明。李商隐痛惜唐朝的衰颓，更对君王的昏庸无能深恶痛绝。

君王作为百姓的公仆本就应该恪尽职守，把心思放在治理国家之上，礼贤下士，使国家繁荣昌盛，百姓安居乐业。而不应该只知道享乐，沉迷情色，行为偏离了自己对天下的责任。无奈封建社会的统治给了帝王许多至高无上的权力和无穷尽的物质财富，一人之下万人之上，身边诱惑不胜枚举，又有多少君王能抑制住自己的欲望。

哲学上有一个观点，外因要通过内因才能发挥作用。任何事物的发展变化都有原因促使，今天的状态是由于过去的所作所为导致的。如果今天很成功，说明过去很努力。一个国家要立于不败之地，国富民强，统治者的决策占举足轻重的地位。唐明皇身边的荣华富贵及美色等众多诱惑都是外因，君王没能经受住诱惑，荒淫昏乱，不把国家大事放在心上，才会促使邪恶势力日渐膨胀，最后导致失控的局面。

李商隐深知这一切，他痛恨贵族官僚营私舞弊，不问政事，过着"春宵苦短日高起，从此君王不早朝"的荒淫生活。而他只能默默地痛惜着大唐盛世从此走向了低谷，心中的无助与绝望慢慢攀爬。

或许爱国志士都有一种相似的情怀，总是喜欢感慨古今，一个故事会引发他们的无限惆怅，哪怕一件微不足道的小事也能，因为在他们心中，国无小事。在大唐的生死存亡之际，不能献言献策，空有一颗报国心，却报国无门。这样的窘境，怎么能够不让他感伤。安史之乱，多少让人有些痛惜，虽然最终唐朝侥幸存活，却也没能留住曾经的辉煌，为一个时代的灭亡埋下了伏笔。

其实无论是历史还是生活，我们总会面对各种各样的诱惑，特别生活在现代社会，诱惑更是无处不在，一件或许看来微不足道的小事，最终也能酿成苦酒。量变最终必然导致质变，而质的变化或许好或许坏，我们必须小心谨慎地应对每一件事，面对诱惑，三思而后行，力争让情况向有利于自身的方向发展。

李商隐作为一个晚唐诗人，不能像武士一样在沙场上为国家冲锋在前，马革裹尸而还。有的也只是用诗歌来发泄自己的不满，把不快和失意的情绪尽情地释放。然而，诗歌毕竟只是诗歌，苍白无力的措辞扭转不了大局。他站在仕途外歇斯底里地呐喊，也未能收获回音，最后他渐渐放弃了呐喊，剩下的是一颗依旧惆怅的心。

在那个统治者闭目塞听、昏庸无能的年代，一介书生何以敌得过权势。"商女不知亡国恨，隔江犹唱后庭花。"这是杜牧的凄苦，也是李商隐的深痛。对于不关心国家大事的人来说，或许国家的生死存亡并不重要，因为国虽亡但脚下的土地尚存，只要活着，就有希望。然而，在李商隐看来，国家的生死存亡甚于自己的生命，自己愿意豁出一切，只为求得哪怕一线生机。

一粒种子尚有成为参天大树的梦想，更何况浑身上下充满爱国情结的李商隐。报效国家的心从来都不曾停止过跳动，无奈苍天弄人。

愿望的图腾总是好的，可偏偏"千里马常有，而伯乐不常有"。仕途上的不得志，摧毁了一代爱国人士的爱国情怀。

可以说，寻到伯乐，抓住了机会就有成功的可能，完成一件事情的能力或许太多的人都具备，可是最终得以成功的人寥寥无几，可见机会有多重要。然而机会之所以宝贵，就是因为太难得了。

李商隐是孤独的，因为他的呐喊声没有人回应；李商隐是可敬的，因为他的爱国情怀渲染了大地；李商隐又是无助的，文弱书生抵不过无情的现实。

安史之乱作为前车之鉴，不得不引人深思，教训的惨痛更是值得每一个人借鉴。无比痛苦，几乎到了绝望的边沿，他无法理解命运的不公，他痛恨鱼肉百姓的统治者，这一切似乎让他陷入了生命的最低谷。然后，他站在历史的角落里凝望着昔日的繁华渐渐褪去，大唐不可一世的风光早已经不复存在了。长叹一声，他拖着沉重的脚步，渐渐远去。

任凭岁月风干了来行的脚印，他依然执着地在未来验证存在的痕迹，留给别人一个追忆。

黎明前是最黑暗的时刻，如果生活不如意，我们要时刻牢记风雨过后会有彩虹出现。李商隐经历了无数曲折和不幸，幼年丧父的他在很小的时候就担负起了光耀门楣的责任，自强不息的心使这位少年心中树立了伟大而崇高的政治抱负。

磨难会使一个人变得成熟，经过历练的心灵扛得住生活赐予的一切不幸。很多人之所以一辈子碌碌无为无法取得卓越成就，只因他们一路太平坦，缺少了坎坷。随后的日子里，李商隐一路求学，冲破了生活为他设置的重重阻碍，知识和阅历渐渐丰富起来。昔日弱小的他，羽翼逐渐丰满。

早年悲惨的遭遇和磨难，在李商隐的心里打下了深深的烙印，百姓的疾苦令他感同身受，忧国忧民的情怀潜移默化地成了他不可或缺的品性。作为一个文人，考取功名成了他报效国家、光耀门庭的唯一途径。李商隐也确实这么做了，他多么渴望将来有一天自己也能金榜题名。然而天不遂人愿，仕途的失意也注定了这位报国无门的才子只得面对历史无奈地叹息着、惆怅着。

李商隐的一生经历了许多次重大的历史事件，每一次变故都伴随有战争的发生，历年征战致使大唐百姓民不聊生，天下苍生陷入了水深火热的境地。

宦官揽权，挟天子以令诸侯之事历史上并不少见。宦官是离皇上最亲近的人，如若造反让人防不胜防。

甘露之变的教训是惨痛的，不仅使皇帝备受欺凌，最终郁郁寡欢而死，也给黎民百姓带来了灭顶之灾。宦官带领神策军追杀李训和郑注，一路抢劫骚扰，如同强盗一般。

面对这一切，李商隐心中像燃起大火，又愤怒又悲伤。他最痛恨官兵盗匪如同一家，残害百姓；最不忍听百姓无以为生，妻离子散，家破人亡。可李商隐又无力改变这一切，他曾无数次地设想过，若自己执掌权力一定要把祸国殃民之徒绳之以法，把乱臣贼子统统铲除。现在他能做的仅仅是用诗歌寄托自己的爱国情怀，抒发一下心中的不满。

由于在历次应试中屡战屡败，他的激情正在渐渐地消退，最初的梦想或多或少变得有点遥远。早年的悲惨经历和一路的坎坷使他深深体会到芸芸众生的磨难和不幸，看破了官场的钩心斗角、尔虞我诈，心中不免多了许多对百姓的怜悯和对腐败的厌恶。

人生最痛苦的事莫过于看着自己的理想被现实打碎，自己一次次试图在跌倒后爬起来可都是心有余而力不足，冷若冰霜的现实埋没了一切可能的改变。李商隐痛恨统治者的懦弱与昏庸，他没有管理好一个国家的能力；痛恨那些乱用权力的奸臣，他们鱼肉百姓，祸国殃民。

茫然无助的李商隐就像在大海上独自漂泊的一叶扁舟，没有方向，没有港湾可以让他有片刻的栖息，他只能默默地前进着，时不时望向大海的深处，期待遇见同路人。

惨绝人寰的杀戮是对生命的大不敬，人人都有生的权利，生命都是平等的，没有谁愿意把生命贡献给那些以涂炭生灵为乐的恶魔。可在那个鱼肉百姓的年代，布衣百姓怎么会有掌控自己命运的权利？李商隐的心痛惜无比，他迷惑了也困倦了，他害怕一次又一次地看到有无辜百姓死于无情的铁骑之下，他为大唐王朝的明天将走向何方而深深地忧虑着。

李商隐痛恨统治者的懦弱不敢直面邪恶势力，与之斗争。安史之乱空前浩劫，平乱后朝廷腐败无能，不敢拔除祸根，于是造成宦官乱政的局面。

李商隐的爱国情怀无处挥洒，仕途失意的他只能眼睁睁看着百姓备受天灾人祸的折磨，看着大唐王朝的辉煌一点点褪色，最后消失殆尽，只觉得心里凄凉无比。他忧然地转过身，一个人静静地在雪地里走着，走向那未知的前方。

孤独的行人

望断平时翠辇过，空闻子夜鬼悲歌。

金舆不返倾城色，玉殿犹分下苑波。

死忆华亭闻唳鹤，老忧王室泣铜驼。

天荒地变心虽折，若比伤春意未多。

——《曲江》

生活是一曲悠扬的旋律，而我们每一个人都是其中的一个音符，在其中飘荡，各自演绎一段不同寻常的乐章。而此刻的你，正跳动在哪一段时光里？

"大河有水小河满，大河无水小河干"是妇孺皆知的谚语。古今多少事，尽在笑谈中。一个国家，一个民族或许在一片废墟之上悄然生成，最后又在一片繁华中泯灭。世事无常，今天的辉煌抵挡不了来时的沧桑。一个时代的崛起必然替代另一个时代，这其中充满了太多凄凉与无奈，有多少辛酸与苦楚折磨着一代又一代的爱国人士。然而历史留给后人的，除了一片早已逝去的繁华，更多的是那繁华背后蕴藏的惨痛教训。我们站在了历史的边缘遥望着那一片寂静古老的断壁残垣，心中涌现了一丝感动。

"人生自古谁无死，留取丹心照汗青"是文天祥的呼喊；"只解沙场为国死，何须马革裹尸还"是徐锡麟的夙愿。古今中外多少有识之士在国难当头、生死存亡之际，将生死置之度外，视死如归。他们是何等的可亲、可敬。

忧国忧民的李商隐心中一直在为大唐岌岌可危的命运而担忧着。害怕终有一天大唐王朝未能避免被历史的洪流冲得支离破碎。这样的担忧无时无刻不在暗暗滋长。他时常在睡梦中惊醒，为了国家的明天，甘愿倾尽所有，他在自己的梦中为繁华大唐撑起一片天。可命运又让他万般无奈，仕途上的失意注定了他的夙愿终究只能化为泡影。他的梦想，始终未能照进现实。

虽未得志却无时无刻不心系大唐，才会为了昔日长安最繁华的风景区今日沦落为一座孤城而感慨世事变迁，无限惆怅。或许爱国之士大多如此吧，总是时刻为了国家的命运而担忧，他们担忧着未来，感慨着过去。他们的心太劳累了，哪怕一件小事都能把他们原本平静的心推向惊涛骇浪的天际。

李商隐是可敬的，因为他很爱国，李商隐又是可叹的，因为他生活在一个无法施展自己才华的年代。一生追求，最后只换来一次又一次的跌跌撞撞。

"将军赴国难，视死忽如归。"回眸历史，并不乏爱国人士，他们各自用自己的方式表达着他们的爱国情。一颗颗炽热的心照亮了历史的天空，演绎了一段段千古绝唱。国家的兴衰往往牵连无数人的心，国破家亡的悲凉折磨着一代又一代的人。

放眼望去，曲江再也看不到昔日帝王驾车临幸时的盛况了。曾经繁华绝代的曲江，四处是林立的宫殿。宽阔的街道上每天都会有华丽的玉辇走过，身着彩色衣服的宫女姿态婀娜。如今这里只有一座荒凉孤寂的城池，只能在夜半时分，听到冤死的鬼魂唱着悲凉的歌。

此时的李商隐心中充满了无限凄凉与苦楚，他暗暗回忆起这一路走来自己的仕途之坎坷，自己年少时刻苦读希望将来有一天能报效国家。现在的自己目睹了大唐的一世繁华，而今这种繁华正在褪色，多少苦水只能往肚子里咽。普通百姓生于乱世，为了活命尚可苟且偷生，他们不用为了国家的生死存亡操心，他们在乎的就是平平静静的生活，而李商隐不能，他骨子里就藏着一份对国家深深的爱，寄托着一份执着的梦想。

"望断平时翠辇过，空闻子夜鬼悲歌。"曾经乘坐金舆与皇帝一同出来游玩的美丽宫人再也没有来过，只有玉苑中的水，依旧在寂静中流进玉殿旁边的御沟。人世间的繁华毕竟是一场过眼云烟，安能要求永恒？

眺望残败的曲江城，李商隐想起了很多人。他想起站在月光下抬头仰望的父亲，他想起了书堂里教他执笔习文的堂叔，他想起了在床榻上咯血的表叔，还有一脸沧桑疲倦感的令狐楚。这些都是他最尊敬的人，都是心怀天下、忧国忧民的人。

榜样的力量是无穷的，自小李商隐便在堂叔、令狐楚的教导下成长，或多或少受到了他们爱国情怀的熏陶，现在的自己才真正体会到了一代爱国人士的无奈。他何尝不是一样地忧心天下苍生，可是仕途无望，他只能眼睁睁地看着，看着一切发生，无能为力。

有人说，最痛苦的事不是生离死别，而是我们原本可以扭转局面却眼睁睁地看着它向相反的方面发展。面对着唐王朝的衰落，面对着自己多舛的命运，李商隐身上散出的全是悲凉的味道。

人生在世如白驹过隙，得意时莫忘形，失意时莫惆怅。可惆怅对于李商隐挥之不去。世事更迭，时代变迁，荒凉代替了一世繁华，寂静覆盖了往日的喧嚣。它就这样每况愈下，在覆灭的道路上越走越远，直至消亡。"旧时王谢堂前燕，飞入寻常百姓家"是最好的诠释。

"天荒地变心虽折，若比伤春意未多。"此时此刻李商隐已经按捺不住他那颗躁动的心了，触景伤情，他深深地陷入了忧国忧民的思绪之中难以自拔。爱国情怀一直都是中华民族的优秀品质，受到了许许多多爱国人士的推崇与传承，有国才有家。

感性的人总是比别人更敏感，此时的李商隐表面很平静而他的内心早已翻江倒海，无尽的迷雾遮住了他的眼，他看不到一丝光明，没有人能为他拨开眼前的障碍。"黑夜给了我黑色的眼睛我却用它来寻找光明。"这是对磨难的不屈从、不服输，是一种对理想的渴求，此时的李商隐面对国破家亡，很想站出来反抗现实，一路走来，经历了大风大浪不计其数，可现在的自己不甘心

谁以锦瑟奏衷弦　李商隐诗传

又能怎样？

怎么会变成这样？李商隐不解地叹息着。不止李商隐不解，发出如此感慨，很多和他一样心系国运的人都有一样的疑问。

历史上的许多朝代本可以不破灭或者说本可以延续很长一段时间的，只因统治者没能端正自己的态度，扛起自己肩上的责任，最终引导国家走向灭亡。

帝王就是国家的最高统治者，一句话可让人生，也能让人瞬间失去生命。一举一动都牵系着国家的命脉，兴衰存亡不过是在帝王的一念之间。卑微的贫苦百姓，只能在战争的迫使下辗转一处又一处。无情的铁骑踏过辛苦筹建的家园，百姓也只能掩面叹息，却也无能为力，只得默默地接受，默默地祈祷。

李商隐伫立在曲江前，缓缓地写下了《曲江》这首诗。

他感觉到，朝代更迭似乎是必然要发生的事情，中华民族从历史的源头悠悠走来，到今天已经走过了几千年的岁月，经历了无数的战乱、世事变迁。而当时的李商隐却不得不痛苦地面对山河破碎的现实，面对他没能在国家生死存亡之际献出自己的绵薄之力的遗憾。

思绪在空旷的曲江上空飘荡着，那一抹忧愁点缀了曲江寂静的夜空。

身处夹缝中

怅卧新春白袷衣，白门寥落意多违。

红楼隔雨相望冷，珠箔飘灯独自归。

远路应悲春晼晚，残宵犹得梦依稀。

玉珰缄札何由达，万里云罗一雁飞。

——《春雨》

　　那一年，少年白衣，如今，过去了许多年，人事变迁，早已不复当时看过春雨之后的感伤，人世繁杂种种，早已不是当年的脆弱模样。曾经独自啜泣的人如今也懂得了坚强，明白流泪是懦弱的表现，看过太多虚伪的人和事，也不会再如从前一样偏激。

　　在这红尘俗世中，慢慢地做自己，不偏激，不痴傻，在悲欢离合之中，慢慢品尝辛酸苦辣。一生中的不如意很多，看过今日，又迎来明朝，大自然永无止息地在按照它的规则行走，生命不静止，生活就不能停止漂泊。

谁以锦瑟奏哀弦　李商隐诗传

先是恩师的病逝让李商隐心力交瘁，那本是羸弱的身子，颤颤巍巍地承受，不让自己倒下。他慢慢地把伤痛内敛，呈现在别人眼前的依然是从前一副多情又充满希望的模样，只是有过某些经历之后，人都会长大，然后成熟衰老。

悲伤不能在生活中永远延续下去，逝者已逝，活着的人还要继续生存。安排好了一切事宜，李商隐去了长安，他的任命依旧没有下来，感觉遥遥无期。无奈之下，他只得求助令狐绹，那时候的他们还是很好的朋友，谁也没有想到会在后来形同陌路，甚至是敌人。

在令狐绹的介绍下，李商隐在户部寻了一个书令史的差事，替人抄抄文书，跑跑腿，也就是一个打杂的工作，算不得什么，只为混口饭吃。每天做些琐碎的事，离他的梦想还很远，但李商隐依旧相信未来美好，只要坚持，只要奋斗，最后一定是一片辉煌灿烂。

一天，李商隐正在誊写文章，一个年纪大约五十岁的老人来找户部侍郎出凭盖印。户部做的是流水的生意，什么零碎的小事都能和户部沾上关系，户口、土地、赋税劳役等的审批都要经由户部。在户部任职的人大多都是"牛党"的人，而令狐父子也都是这一党派的人，所以令狐绹才能在户部给李商隐找到一份工作。

"李党"的人来办事，大多是没人理的，大家都采取漠视的态度，或者一问三不知，让对方接连受挫。

这个老人已经来了好几天了，可是一直都没有人应对他。他来办的不是什么大事，是为难民建屋置地的文书，这是为国为民的好事，况且朝廷已经有了指令，只在户部备个案就行了。因为不同党派的问题，官吏们竟然如此是非不分，做事只凭自己的一己私欲，不管其他人的死活。李商隐非常厌恶这种作风，不管是什么事情，都一律刁难，这是把黎民百姓的生存当作儿戏。可是李商隐也无力改变它，他只能把文书从老人手中接下，告诉他三日后再来取。

然后，李商隐亲自拿着文书去户部侍郎那里请求盖章。虽然李商隐是一个小小的书令史，但是毕竟是令狐绹介绍来的，曾经又是令狐楚的得意门生，户部侍郎不看僧面看佛面，就给盖了印。这件事说大不大，说小也不小，不过是举手之劳而已，但因为派系的不同，小小的摩擦就能引起轰然爆炸。在别人眼里，李商隐就此被标记为"牛党"的人。

牛李党争源于唐宪宗元和三年（808）的一次科举考试。时任宰相的李吉甫对应试举子牛僧孺、李宗闵进行打击，因为他们在试卷中严厉地批评了他。由此，李吉甫与牛僧孺、李宗闵等人结怨，这笔恩怨后来被李吉甫的儿子李德裕继承了下来。

以牛僧孺、李宗闵为领袖的"牛党"集团和以李德裕为领袖的"李党"集团在数十年中互相排挤攻击，争斗不休，成为晚唐政治的重大矛盾之一。

在封建社会的政治官场中，因为利益的纠葛、权势的争夺，不同群体之间的斗争显得极为普遍，而无辜的李商隐在不知不觉中也陷入了水深火热的党争之中。

这件事传到了令狐绹的耳朵里，令他很不满，李商隐能办成事，可以说都是凭借他令狐家的面子，如果前面不挂上"令狐"二字，他什么也不是，到现在也还只是一个穷困潦倒的书生。而那个老人是泾原节度使王茂元，被明确划分为"李党"的人。他和李德裕是好友，而李德裕行事又处处和牛党作对，李商隐这样做就相当于打破了这里默认的规则。

自己推荐的人却为"李党"的人办事，让令狐绹要怎样对他的党派交代？每个人都在关心自己的前途命运，没有人能理解李商隐、支持李商隐只为了百姓的想法和做法。

两个年少时就相识的伙伴都变了。他们曾经畅谈梦想，那时候都是热血纯真，一心爱国。只是现在，李商隐依旧更加执着，而令狐绹已经不是那个当年为了国事和人锱铢必较的少年了。

他的梦想在寻路的途中丢掉了，向着歪曲的方向前进。很多年后，蓦然回首才发现，原来自己的人生竟然没能由得自己来做主。他在世俗中沾沾染染，东拼西凑，最后拼凑出完全不一样的自己。

第二日，王茂元按照约定来取文书，看到上面真的盖了印时，内心的惊讶是要大于欣喜。这个年轻人竟然甘愿触犯党派之别，虽然只是一件小事，他的胆量却不小。

年轻人有如此胸怀，何愁不成大事。两个人相约去客栈喝酒，老有所感，少有所触，对于当今天下局势，都表示无奈。

半途中又来了一个人，是韩瞻，和李商隐也曾经有过几面之缘，还在诧异为何会遇到他。韩瞻竟然叫王茂元岳父，这真是巧合无处不在。最后三人围坐一桌，酒酣畅饮，话语就多了起来。

王茂元经常听人夸赞李商隐才华横溢，看其作品也是大家风范，没想到盛名之下，竟然如此年轻。他连连夸赞李商隐，最后竟然想要与他结亲。

李商隐很是佩服王茂元这样的人，他性情豁达，举手投足间总是怡然自得，不做作，说话做事也从不拖泥带水。和其他官场的人相处，每日的一字一句都要仔细斟酌才行。和这样的人相处，真是简单太多了。虽然王茂元的女儿也是个才女，想来长得也不会太差，但是两人未曾见过，谁会愿意和从未谋面的人共度一生呢。所以，对于王茂元的提议，他还是婉言谢绝了。

由于已经和"李党"的人挂上钩了，再回到京城势必也不会如意，所以，李商隐听从了王茂元的建议，去泾原。

这不是李商隐第一次做幕僚了，但是他不想让王茂元摆宴席，只是尽量低调。毕竟，他去泾源大部分原因也是走投无路。他在京城处处受人排挤，只能终日借酒消愁，干不了什么事情，好朋友令狐绹也对他到了视而不见的地步。

就是在泾原这个地方，李商隐娶了王茂元的女儿，从而被彻底卷进了党派之争中。以前他还只能是一道透明的影子，被别人无视，虽然孤单和痛苦无处诉说，但受到的伤害也是有限的。如今，最初的雪花点点，渐渐滚落成一个大雪球，毁坏也就不在预计之内了。

王茂元与李德裕交好，而令狐楚父子又是另一党派的，李商隐作为令狐楚的得意门生，理所当然地被归为一派，只是如今恩师刚走，尸骨未寒，李商隐就娶了"李党"的女儿，就被很多人误解背叛恩师。

两个政治集团十几年的互相排挤、相互攻击，也让朝堂上满是腥风血雨，很多无辜的人受到牵连。处于党争的夹缝中，李商隐只想寻求一息安宁。他的梦想说大不大，说小不小，只不过于己能丰衣足食，在仕途上能造福一方，就是这样简单的梦想，一直也没有实现。

郁郁不得志

逦递高城百尺楼，绿杨枝外尽汀洲。

贾生年少虚垂泪，王粲春来更远游。

永忆江湖归白发，欲回天地入扁舟。

不知腐鼠成滋味，猜意鹓雏竟未休。

——《安定城楼》

　　一个人一辈子如何活得更有意义，并不在于争的每一分钟，而在于生命作为一个整体内涵有多丰富，而内涵的丰富来自对生命的完整意义的追求。

　　李商隐的生命历程曲折而丰富，这或多或少让他的生命里多了许多令人叹息的情节，一段段跌宕起伏地演绎他悲壮的一生。

　　一粒种子会有怎样的梦想？无非是尽可能地汲取养分，待有朝一日破土而出刺破苍穹。一粒尘埃会有怎样的夙愿？风吹扬沙起，伴随着风的脚步游离于天地之间。不甘于平庸的我们怎会甘

谁以锦瑟寄衷弦　李商隐诗传

于输于一粒种子的豪情壮志和一抹尘埃的风清傲骨。

光耀门庭是李商隐一生最大的凤愿。走过曲曲折折的道路，历经千次万次的磨难。如今，他终于如愿以偿，此时此刻，他只愿沉醉在这美梦之中不愿醒来。

那一年，他踏上梦想的旅程，何曾想到这条路有多少荆棘坎坷，多少辛酸与眼泪。现在，那些伤痛似乎已不再重要了，留下的只有深深映入他脑海的对生命的感悟。

开成二年（837）二月二十四日是李商隐的幸运日，因为这一天，饱经风霜的李商隐终于将自己的名字写在了金榜之上，这一笔写得沉重而不易。这一刻，包含了多少期盼与等待。也许，只有当一个人被自己感动得泪流满面的时候，生命才能称得上是美丽的生命。

李商隐跌跌撞撞地走出了窘境，终于可以一展抱负了。以往潦倒的自己此刻仿佛重现在眼前，他清楚地知道，自己必须珍惜现在这一切。

宿命，是愿望的投影，我们在生活中得到的，只是我们期望能得到的结果，换句话说，为了得到一种结果，必须有相应的期望。期望越迫切，成功的脚步越快。

令狐楚在李商隐生命过程中扮演了一个极其重要的角色，却在李商隐的生命走出瓶颈之际撒手人寰了。李商隐考中进士的当年年末，令狐楚病逝。在参与料理令狐楚的丧事后不久，李商隐应泾原节度使王茂元的聘请，去泾州做了王茂元的幕僚。

怀才不遇是人生中多么遗憾的一件事情啊！而在走出命运

的瓶颈之时却没来得及报答恩师对自己的知遇之恩，又是何等愧疚啊！

王茂元对李商隐的才华非常欣赏，甚至将女儿嫁给了他。受到权贵人士如此器重，李商隐可谓如鱼得水，感觉自己离梦想的实现已近在咫尺了。

然而，是福不是祸，是祸躲不过，成功往往与磨难相伴。看似如鱼得水的李商隐，虽然表面上风光无比。身份、地位、荣誉兼备，可谁又知道，正是这桩甜蜜的婚姻将其拖入了牛李党争的政治旋涡中。

李商隐的命运又将再一次转折，而这次改变将使他的仕途变得更加不尽如人意。

李商隐的尴尬处境在于，王茂元与李德裕交好，被视为"李党"的成员，而令狐楚父子则属于"牛党"。因此，他娶妻的行为就被很轻易地解读为对刚刚去世的老师和恩主的背叛，而李商隐很快就为此付出了代价。

在唐代，取得进士资格一般并不会立即被授了官职，还需要再通过由吏部举办的考试。开成三年（838）春天，李商隐参加授官考试，结果在复审中被除名。这件事对李商隐最直接的影响就是使得他获得朝廷正式官职的时间推迟了一年。而他在幕府中终日也没什么太大的作为。虽然王茂元对自己很好，但是在这里，李商隐过得并不愉快，幕府中的人认为他背叛恩师，也是冷嘲热讽，他如今被两边嫌弃。

在这个世界上，每个人都不能事事顺心，处处如意，如果终日因为那些自己根本不可能改变的事而怨天尤人，就根本没有办法也没有时间感受那些原本属于自己的快乐，更不用谈追寻自己的理想和兴趣了。事情已经变得如此糟糕，可不屈服命运的李商隐没有被命运吓倒，他重新整理好心情准备再一次为了梦想放手一搏。

当碰到困难的时候，不要把它想象成不可克服的困难，在这个世界上没有什么苦难是克服不了的，只要勇于面对困难，想象着战胜困难后的喜悦，就会充满信心和力量。

李商隐没有放弃，他最大的依仗就是他的那根笔了，所以什么都需要他写文章来争取。参加授官考试，慢慢地远离当年的事，皇天不负有心人，终于，他成功了。

开成四年（839），李商隐再次参加授官考试，顺利通过，得到了秘书省校书郎的职位。这是一个低级的官职，但有一定的发展机会。李商隐还是有些高兴的，这是他第一次真的成功了，完全是通过自己的才能。可没过多久，他就被调任弘农县尉。

成功必须练就忍受失败的能力，因为一个人一生中通常失败为多，成功为少。行动九次，大概六七次都是失败的。每次行动都成功的人不多，但每一次失败都是最后一次成功的基础。李商隐就是这样，即使自己的世界里少了阳光，也会努力创造光明。哪怕机会异常渺小也要竭尽全力，因为心中的梦想从不曾熄灭过。

虽然县尉与校书郎的品级差不多，但远离权力的中心，显然会使以后发展受到影响。从另一个角度想，远离权力的斗争或许是好事，不必活得那么累，不用每天在别人的尔虞我诈中寻找夹缝，但是，在这个小地方，李商隐过得也并不如意。

李商隐有一颗善良的心，对谁都是，生命如此珍贵，他认为死囚也是可以继续生活的，所以他为死囚减了刑。

起因是在一次提审犯人后，有个死囚突然拽着李商隐的衣服不松手，大声呼喊"冤枉"，一副声泪涕下的凄惨模样。原来这死囚有一个漂亮的妻子，无意间被李商隐的上司孙简看到，孙简就心生歹意，侮辱了他的妻子，他的妻子回到家后自杀身亡。好好的一个家被孙简给毁灭了，死囚跑去各处告状，但是没有用，官官相护，孙简在这一带几乎是只手遮天。

孙简自己做了坏事还诬告丈夫杀害了妻子，把他投入大牢，这一关就是五年。死囚上天无路，入地无门，如今，为民请命的李商隐来了，他渴望对方能让自己沉冤昭雪，也给妻子一个交代。

李商隐的作为触怒了孙简，作为李商隐的上司，他有无数种办法能让李商隐备受屈辱。他毫不留情面地打击、践踏他的自尊。李商隐感到非常屈辱，难以忍受，身体再多的苦他都能忍受，但是不能让人侮辱自己的尊严，孙简的行为已经严重地伤害了他。他已经写好书信准备辞掉这份工作，凑巧的是孙简正好被调走，而新来的上司姚合也不像孙简那样无情。在姚合的劝慰下，李商隐留了下来，但是尊严依旧没有恢复，他对这个地方产生了恐惧感，已经没有办法安心工作了。过了一段时日之后，他还是选择了离开。

李商隐就这样受制于无情的政治斗争，在其中饱受残酷的折磨。拼尽全力花费一生的时间得来的光环却在这种黑暗压迫下无法绽放光芒，这怎不叫人感叹？

人生就是一场不断选择的游戏，最重要的是我们要用冷静的态度掌握每一次选择的过程。在选择之前要好好思考。辞去了弘农县尉，李商隐经过一段时间的调整，于武宗会昌二年（842）设法又回到秘书省任职。这一次，他的职位品阶比三年前还低。即便如此，李商隐毕竟又有了一个新的发展起点。

放弃对于每个人来说都是一个痛苦的过程，因为放弃意味着永远不再拥有，但是不懂得放弃，只想拥有，最终也可能一无所有。生活给予我们每个人的都是一座丰富的宝库，只有学会放弃，才能更好地去承受、去拥有。

欲养亲不在

舍生求道有前踪，乞脑剜身结愿重。

大去便应敧粟颗，小来兼可隐针锋。

蚌胎未满思新桂，琥珀初成忆旧松。

若信贝多真实语，三生同听一楼钟。

——《题僧壁》

哗哗的树叶作响，让荒芜的森林中，并不全是寂寞。松脂静静地滴落，被岁月打磨，或许用不上沧海桑田，在很多年以后，就已经人事变迁。晶莹的琥珀在阳光下闪闪耀眼，里面的小生物仿佛就算过了数万年，也依然在做自己的事情，任凭外界怎样风起云涌，它自岿然不动。

岁月沉沦，让人泥足深陷，李商隐在旋涡里苦苦地挣扎，一次次地呐喊，到最后多变成无助的呻吟。如此艰难痛苦，他也没有放弃，宁愿做一只飞蛾，只想看到最后的光明，无论时间的长

谁以锦瑟系哀弦　李商隐诗传

短，哪怕只是惊鸿一瞥，也足以慰藉，无怨无悔。

"蜀道难，难于上青天。"传说青天有传奇的天梯，让人一夜间，就可到天山，在那三十三重头，俯视下界的芸芸众生。他们在命运中挣扎，在痛苦中沦陷，如一层浮云，不过是潮起潮落间的存在。

李商隐隐忍过，也怯懦过，只是在梦想深处，有一个地方始终在深深地吸引着他。那里富丽堂皇、庄严巍峨，天子临朝，百官奏事。即使到达那里的路上荆棘遍布，鲜血淋漓，他也不会退却。

梦想与现实之间其实很近，只有几步的距离，但中间沟壑，深度看不到底，一脚踏空下，可能就不会有重来的机会。

时间一点点地推移，李商隐年岁在增长，阅历在增加，他一直在努力，只是进步是那样微小，一次不如一次的仕途经历，让他的前路更加坎坷。可以说，他是生活的勇者，面对无数次失败与挫折，意志坚定的他并没有在现实深深的沟壑前望而却步。他越挫越勇，一次又一次向不公的命运发起挑战。但是，仕途总在反复的徘徊中峰回路转，悬崖绝壁反而是他一路走来极其寻常的遭遇。

历史上，有多少人为了干一番一鸣惊人的事业，耽于幻想，把希望寄予将来，用计划代替现实，以宣言取代行动，但最后他们的事业都如空谷传音不留痕迹，消失得无影无踪。只有那些既有远大理想，又把这理想转化为艰苦奋斗具体行动的实干家，才能最终取得辉煌成就。

李商隐的一生是奋斗的一生，从小就被寄予光耀门庭的厚望，可以说他肩上背负了太多人的期望，为了完成使命他甘愿倾其一生。而曲折又充满各种各样阻力的道路，政治斗争旋涡的牵扯，就注定了他悲惨命运的结局。

命运在不经意间会与你不期而遇，也在转瞬间消失，无所谓沉浮，也许真的是太过玄妙的东西，努力永远不是功成名就的单一条件。李商隐就是这枚磨砺已久的珍珠，一直沉没于黑暗的泥土当中，静静地等待，等待挖掘者的到来，等待流光溢彩的一天。

不算消息的好消息，李德裕得到皇上的支持，权位一跃千丈，被任命为南节度使、吏部尚书、同中书门下平章事，又兼门下侍郎。李德裕的升迁，终于打破了两派的斗争平衡，李党和牛党的斗争也初见分晓。胜者王败者寇，虽然不能赶尽杀绝，但也有一番清洗。作为李德裕的至交好友，李商隐的岳父王茂元自然算到这一党派之中，也得到了升迁，官拜御史中丞，在天子脚下谋差。

李商隐不参与党争，但是他支持李德裕的政治主张，在这个混乱的朝局，急需鲜明独立的思想来改变这沉疴已久的腐朽。

李商隐辞掉弘农县的管制以后，又去了华州，没有停留太久，又回到了长安。在偏远地区任官，天高皇帝远，总是很难得到关注的，升迁自然也会不容易，李商隐选择考试留在了长安。李商隐又参加了一次书判拔萃考试，这次很顺利，但是也很悲凉，入为秘书省正字。一个小小的官职，却寄托了李商隐美好的梦想，他期待着升迁，并为之而努力着。他不甘心只能做一个小小幕僚，没有官阶地在别人下面做事。

光宗耀祖，拜入朝堂，这是他的梦想，也是承载了太多人的希望，死去的，活着的。岳父大人的升迁对他并没有影响，他依然是那个坚持自己的实力，为梦想而努力奋斗的人，一年是这样，很多年后也是这样。

但是，命运并不眷顾这个可怜的人，总是一而再、再而三地抛弃他，在他茫然的时候微露出那一线光芒，等他走出了黑暗，才发现前方更加昏暗。

在秘书省的工作还不到一年，李商隐必须离开。这次不是谁的诬陷，也不是某人的刻意刁难。树欲静而风不止，子欲养而亲不待。养育之恩，重于泰山，母亲的病死，需要李商隐守孝三年。

李商隐一直梦想着，做上大官，有了宽敞的府邸，就可以接母亲和妻子来一起享福。只是这梦想，在开花之前就已经凋落。自古忠孝不能两全，这意味着年届而立的李商隐不得不放弃跻身权力阶层的最好机会，这次变故对李商隐政治生涯的打击是致命的。

时间不是静止的，人事也不是停滞不前，李商隐留在原地，已经追赶不上从前的步伐。重新开始，不过是新的起点，因为旧路已经终止，继续下去也只是无路可走。

守孝的三年中，不仅李商隐老了，时局也发生了很大的变化。新皇登基，李德裕失势，高楼大厦从基部坍塌，牛党卷土重来，辉煌一时的李党也只能灰溜溜地逃窜。

知己难求，生命中的贵人是可遇而不可求的，没有谁能总碰上好运气。人生在世，有些东西一旦失去了便永远消失在了生命的长河里。而王茂元的去世，让李商隐的处境更是雪上加霜，在生活上的时而救济没有了，政治上能稍微为他说句话的人也没有了。曾经的挚友令狐绹，也因选择不同，早就与他形同陌路。

命运的不公、现实的残酷使得这位怀才不遇之士无奈地叹息着、惆怅着。

坎坷，是一路历练，一次次汲取经验教训，以便以后不犯相同的错误。只是李商隐一次次地从失败中爬起，成功依然是那样渺茫。

他不是没想过放弃，如五柳先生一样，田园赋诗，也有一番快意。只是他拿起锄头的刹那，就会想念官印的沉重，那印了朱砂的鲜艳红色，如此清晰地告诉他，这是梦想的颜色，和心跳一样的节奏。

即使可以改变行动，但是思维的惯性不会停止，在这混乱的政局之中，他期待能有一人力挽狂澜，能改变黎民的这种难言的疾苦。

李商隐就像被黑暗包围的烛光，没有依靠，看不到希望，孤寂而凄苦地发出微弱的光芒。他只能静静地等待着，等待着那渺茫的将来。

没有退路可走，前路憧憬的渺茫。李商隐的大部分人生都在幕府之中辗转，他原本以为这不过是通往官场的一条道路，却没

谁以锦瑟怨华弦 李商隐诗传

有想到，幕府生涯几乎囊括了他的一生。在恩师府中，一身白衣的那个翩翩少年已被岁月腐蚀得不成模样。梦想无从寄托，只是几句诗词，聊表哀愁。

人生如一条流动的河水，如果不前进就只能被阻力推向后面，李商隐一直在努力、在奋斗，或许是人生太大，让他无力抗拒，任凭时光的流逝，他却后退。以前李商隐担任的是秘书省校书郎，正九品上的官阶，而现在竟然是正九品下。奋斗了这许许多多年，兜兜转转之后，还在原地转圈，把自己深埋。

这时的李商隐已经不再是那么年轻，他的心老了，世界沧桑了，虽然爱国依旧，但是他明白现实与梦想中的取舍。一个小小的九品官，在京城中根本就是个无人问津的角色，可是总有人去冷嘲热讽他，而他也只能生生忍受，读书人的尊严最骄傲，可是被别人踩在脚底下的时候也才最软弱，因为根本没有回击的能力。

每日提心吊胆，做官做得如履薄冰，可就是有人看他不顺眼，终日找麻烦，基本上哪个都给他脸色看。"牛党"的人不愿意和他来往，在他们看来，李商隐俨然是一个叛徒，"李党"的人也是看不起他，总是无视他。这样的生活太压抑，不知何时才能结束。

但是，李商隐从未后悔娶了王茂元的女儿，那是一个温柔贤淑的好妻子。既然成了亲，自然要相濡以沫，携手一生，无论是艰难困苦还是荣华富贵，在意的始终都是这个人。朝中的种种李商隐都没有对妻子讲过，晚晴虽然知道他痛苦，也只能默默安慰。

自古贤才多波折，历尽千帆方靠岸，李商隐一直在心里告诉自己，成大事的人总是要诸多磨难，没有一蹴而就的成功。

李商隐写得一手好文章，天下闻名的文采，在别人看来也只是炫耀的资本。他的诗作被天下人传诵，而诗作的主人却无人问津。生命何其悲哀，越悲苦的时候，磨难越摩肩接踵而来，而他只有习惯了这种痛，才会无视痛的存在。

他不是没想过求助，只是个中悲苦谁能倾听，昔日的挚友如今恩怨两分，那寄去的一封封书信，没有只言片语的回复。为何从前的美好时光，总是要消失，只是因为政治观念的不同，朋友就要割袍断义，当作陌路，即使毒手也能使得出来。

命运就像每个人身后的一只无形大手，决定了我们前进的步伐，而我们只能听从它的摆布，李商隐就是这样在残酷的命运操控下，一步步走过了人生旅途。在命运无情的捉弄下，曾经的意气风发，变成了如今的苍老迟暮，明明不是江郎才尽，却要在悲欢离合中感叹韶华易逝。

那一叶浮萍

白云岩扉碧藓滋，上清沦谪得归迟。

一春梦雨常飘瓦，尽日灵风不满旗。

萼绿华来无定所，杜兰香去未移时。

玉郎会此通仙籍，忆向天阶问紫芝。

——《重过圣女祠》

李商隐又想起自己曾经走过的圣女祠，因为人烟稀少，那里的门扉上已经长满了翠绿的苔藓。如丝的春雨缠绵地落下，清洗终日孤单寂寞的砖瓦，圣女祠在日复一日的守候中，不知道在等待什么。从天上下来的仙女最后也是无人问津，不知道她为何要下这凡尘来，诸多磨难过后，最后也不过是在一个角落荒芜。

红尘中的俗事太多，很多的身不由己，可是如果给李商隐成仙的机会，想必他也会婉转地拒绝。

成仙固然美好，终日过着恬淡的生活，与世无争，可没有梦想的日子，那不是他想要的，虽然现在贫困凄苦，但是心是活的，依然会充满热情地跳动，虽然时不时会有冷水泼洒下来，等擦干身上的水渍，依然可以继续。

谁不想成为人上人，谁不愿一呼百应，但那只是痴人说梦罢了，谁也没有把梦成真的能力，包括自己。在生活面前，在生存的选择中，其他的也就无关轻重了，他并不只是自己，他还有家，那是他最后的港湾，也是最温暖的天地。

在李商隐进入秘书省还不到一年的时候，又发生了一件事，令已经疲惫不堪的李商隐更是肝肠寸断、痛不欲生。他的母亲去世了，在他还没有好好尽孝道的时候，就已经离开了李商隐。这些年他终日奔波，在家的日子很少，可是每次苦到极致的时候，想想家，想想家中的母亲，他就没有理由在困难面前低头。

李商隐的妻子晚晴也才和婆婆仅仅见过一次面，那次分别时婆媳两人相抱哭泣，那一次的分离竟然成了永别。还记得那一天离开，李母把自己戴了几十年的手镯送给了晚晴，婆婆给儿媳的礼物，是对孩子幸福的祝愿。

母亲去世后，李商隐带着晚晴回到了荥阳，为母亲守孝三年。才做上了一个小官就又要擦肩离去，命运真是无情。越是悲伤的时候，越要受最沉痛的打击。在家三年的平静生活，让李商隐更是迫不及待地想要重新当官，这已经成了他生命中的执念，扎根在生命里，摆脱不掉。

世事变迁，朝中局势动荡，李商隐只是汪洋大海中的一叶小舟，海面平静他便能安然地行走，遇见大的风浪也只能被狂风暴雨袭击。

武宗去世了，继位的是宣宗李忱，他反对武宗的种种政策，自然也不喜欢支持这些政策的人，就像李德裕，"李党"才经历了一次辉煌，李商隐还没来得及崭露头角，就又处在了风口浪尖。又是一轮的政治清洗，"李党"迅速被挤出政治中心，"牛党"卷土重来，强势回归。此前，王茂元在代表朝廷讨伐藩镇的时候就已经病故了，在他活着的时候对李商隐没什么帮助，但是他死了，李商隐的处境无疑会更加艰巨。

这一年，在李商隐三十五岁的时候，他有了儿子，取名李衮师，他是极为疼爱和喜欢这个儿子的。

作为一个卑微的小官吏，终日在别人的排挤中度日，这样的生活根本不能为他带来什么前途，所以在桂管观察使郑亚邀请他往赴桂林任职时，他没有片刻犹豫，欣然前往。虽然告别了家人，但是他想他会以更加荣耀的方式回来，让家人以他为荣。这是个不切实际的梦，可惜李商隐明知是梦，也不愿醒。

作为曾经"牛党"的一分子，郑亚的官也并不好做，还不到一年的时间，郑亚就再次被贬，很快，李商隐又失去了工作。

李商隐又一次参加了考试，他的官每一次都是通过考试得到的。这次得到的是一个盩厔县尉的小职位。多么讽刺的事情，在十年之前，他也正好是弘农县尉，两个是性质一样的小官。十年，多么漫长的时间，当年的小女孩已经嫁为了人妇，昔日的小伙伴也已经功成名就。

时间能改变很多，可笑的是，李商隐一直停在原地。他不是没有去求助，当时令狐绚已经进入了权力的中心，有着举足轻重的地位，可是他拒绝伸出援手。

小时候的情意，在时间面前是多么微不足道。时间会淡化一切，在他还心存期盼的时候，不知道其实早已经不存在希望了。盩厔县尉这个官没有做很久，李商隐又被调回京城，继续在底层默默地挣扎着，虽然他并不是无名之人。

低微的官职，渺茫的希望，在这变幻莫测的宦海之中，李商隐始终如一朵浮萍。

后来，李商隐又有了一次机会，他得到武宁军节度使卢弘止的邀请，前往徐州任职。

卢弘止是一位很有能力的官员，励精图治，他很欣赏李商隐，这一次李商隐的春天来了。但是，在还没有春暖开花的时候，暴风雪来袭，万物凋零。还不到一年的时间，卢弘止去世了。

李商隐已经没有多余的心情去悲痛了，感觉已经痛得麻木。他不断地在幕僚与小官吏之间辗转反复，直到消耗了所有的热情，最后只是一个穿衣吃饭的简单想法。他就像一块钢铁，在不断地回炉重造，期待更好的成品，却不知道哪里出了差错，淬炼的时候瞬间就分崩离析，成了一块废铁，枉费了之前旷世的好材料。

第五章

空付岁月流年

徒劳恨费声

初闻征雁已无蝉，百尺楼高水接天。

青女素娥俱耐冷，月中霜里斗婵娟。

——《霜月》

深秋的季节，站在高楼上望着水天相接。草木凋落的秋天，到处是冷凄。可是今夜的月光依旧，无论四季如何变化，它只在乎它的阴晴圆缺。冷清萧瑟处，更显月色光明皎洁。青女素娥耐得住高处的寒冷，与明亮的月儿争奇斗艳。

在秘书省已经很久了，终究这样一事无成，李商隐是孤独的，还是寂寞的，但他也是高傲的，该做的他都做了，需要努力的他也努力了，每一天都在做着自己分内的事，虽然大多数都是不成功的，但还是要去做，这是一个人的责任。

面对每天在朝中的窘迫，回到家中无米的辛酸，李商隐感觉他的人生是如此悲剧，这样的煎熬何时才能结束。思量间，他恍然撞到了一个人，原来是温庭筠。两人很久未见了，见到至交好友的喜悦，终于冲淡了今日笼罩的愁云。

很多年了，没想到再见是这种方式。两个人相识于年少，再见时两鬓竟然已现白发，岁月在给了我们生活的沉淀的同时，也在收割曾经年轻的时间。两个人挑选了一个安静的酒楼，打算举杯痛饮，来怀念那些年的日子，互诉彼此的辛酸苦辣。

遇见温庭筠实在是意料之外的惊喜，这么多日的苦闷终于有人可以倾诉。同僚的漠视，家庭的窘境，不能言，不能语，想着本来只是一个人的悲伤，何苦多个人徒添伤感。但是温庭筠不同，他们了解彼此，他们会感叹自己怀才不遇，讽刺朝政腐败，但是牢骚过后，每个人依然都是向前的。

温庭筠这些年的经历也是一波三折，东奔西走，一路流浪，最后又回到原点。当年庄恪太子的事件，整个朝廷被清洗，很多相关的无关的人，都借着这次事件被替换，有人欢喜有人愁。温庭筠作为三千门客其中之一，竟然也被牵连其中。当时很多相熟的人或被杀或被流放，也多亏温庭筠平日人缘不错，提前得到消息，才逃过一劫。此后，温庭筠一直躲在家里，好长时间没敢露面，直到武宗皇帝继位，事情告一段落才出来。

也难怪当时李商隐多方寻找他也没找到，当时得知这件事，李商隐也是十分吃惊，非常担心温庭筠的安危。好在今时大家都相安无事，还可以坐在一起饮酒喝茶。两人举杯轻碰，为躲过劫难而庆祝。

不管过去怎样多灾多难，如今能坐在一起那就是福分，还记得年轻时候的轻狂不羁，自信又骄傲。如今随着时间的推移，李商隐在秘书省做了个小官，碌碌无为，曾经的放荡才子温庭筠，也少了些轻浮，多了些沉淀内敛。

这些年，两个人都不如意，不必明说，只看看沧桑的脸庞、寂寞的眼神就知道，荣华富贵中又怎会养出那样瘦弱的身躯？

也许是经历了太多，或许两个人都懂得彼此，痛快的欢笑中，一丝掩盖不住的寂寞飘然而出，可是无人理会。不能言说的寂寞，埋在内心的最深处，在无人的寂静夜晚，会一次次出来叨扰，本就难以入眠的人，会被这种寂寞凉了内心。

他们平淡地说着自己的故事，一直保持着平稳的情绪，只是在某些时刻，实在难耐内心的躁动，真想大声咆哮，抒发这压抑已久的悲凉。

只是他们都不能，早已经过了靠呼喊来排解痛苦的年岁了。长大了，就不能再像小时候那样喊痛，所有的痛苦都得藏在心底，任它一遍遍撕咬内心，也不能示于人前。

李商隐还算是幸福的吧，酒醉之后回家会有人端上一杯热茶，会为他洗手做羹汤，虽然事业上有种种挫折，他的婚姻却一直很美满，娶了晚晴，是他这一生做得最正确的一件事。

世人皆知的风流才子温庭筠，一生总是在漂泊、在流浪。温庭筠或许也在寻找一种美丽，能留住风流才子的脚步，给他一个家，让他从此不需要再流浪。

相遇之后既是相离，天下没有不散的宴席，每个人都有自己的路要走。不知道再见会是几时，或许终其一生也可能不会再见，但愿此生不留遗憾。这一次的畅快淋漓，等到李商隐恢复了在秘书省工作的时候，烦闷又渐渐地回来，他还是无法不在意别人的目光。

李商隐希望得到别人的赞同，不要再用那种充满鄙夷的目光看着他，他从来没做过对不起谁的事。上为皇上尽忠，下为黎民百姓造福，何错之有。

可以在心里这样默默地祈求，但是这样的话永远也不会说出口，骄傲的心不允许他在这些人面前低三下四。放弃自尊而乞求平安无事，他做不到，也不值得。

牛李两党依然在相互僵持着，夹缝中的李商隐，还是那么无力与痛苦。相熟的刘蕡有一天突然被调离，去了柳州做参军，柳州，一个天高皇帝远的荒凉地方。李商隐上前询问，他不是不能明白，只是潜意识里拒绝这种猜测，自欺欺人地想得到一个不同的答案。

刘蕡只能冷笑，他这个人，不会趋炎附势，也不会溜须拍马，待在京城这里总是会碍了别人的眼，所以只能远走了。

李商隐沉默，不知该怎样安慰。他是很敬佩刘蕡的满腹才华、刚直不阿，这样的人原本是应该得到重用的。

为何会如此，对的人不在对的位置，错的人却可以霸占别人的位置风生水起。很多无奈的事情，总是无法解释，而明明是不合道理的事情，别人却可以做得那样理所当然。如今还在这里哀叹别人的命运，或许在他们中同样另类的自己，也不能逃脱这种命运吧。

知交半零落

君问归期未有期，巴山夜雨涨秋池。

何当共剪西窗烛，却话巴山夜雨时。

——《夜雨寄北》

　　流年缱绻，有数不尽的相思，风轻云淡，无声又无息。一个人的离去，带走的是自己，留下的却是别人心中抹不掉的回忆。如果一切就是一场梦，何苦不在梦醒后离开。梦醒时分，不管曾经种种是非。

　　时光催人老，岁月不饶人，李商隐永远地失去了一个叫作白居易的忘年之交。自己还在命运中苦苦挣扎，他却已经去了另一个国度。曾经把酒言欢，那样的岁月不会再来，但是朋友就是这样，无论在或不在，心中总是留有他的一念之地。

　　那一年的八月，白居易还在洛阳的香山，抚琴赏景，饮酒赋诗，悠然在尘世之外，独求一份自在逍遥。温庭筠也参加了宴席，还谈及了李商隐，因为两个人都共同认识一个人，所以也有颇多话题。只是，谁能想到，还未过完八月，白居易就已经离世。

白居易去世的消息，李商隐此前还未听说，有几日还在跟妻子念叨当年和白老在长安喝酒的事情。这件事总是让李商隐心生很多感慨，但是隐隐又有些骄傲，一代文豪说愿为他子，这就是说自己即使官场失意，在文学上也算是成功的吧。

只有那么一见，便是永别，愿为你子这一句话，李商隐永远记得。

八月十五月儿圆，以前李商隐还总感叹儿子出生在了一个好日子，原来真的有冥冥之中注定的事情，是缘分如此。李商隐本也不相信缘分，可是儿子出生的那一日，圆月清明。李商隐宁愿相信，儿子就是白居易的转世。他仿佛看见白居易在面前微笑，穿越生死来兑现他那句不算约定的约定。

任岁月一遍遍地清洗，回忆只剩下了残缺不全的片段。身体还在冰凉地沉睡，灵魂已经飘去了远方，继续未完成的梦。断断续续的言语，无法表达内心如波涛汹涌，却又深沉的情感，萧冷的天地，喝酒的就只剩下自己。

回到了家中，妻儿还没有睡。晚晴正在哄孩子睡觉，小孩子一见到李商隐回来顿时睡意全消，两只乌黑的眼睛滴溜溜地转个不停。孩子虽然还不会说话，但是他认识这个人，那是他的父亲，每日总是暖暖地看着他。李商隐一直微笑地看着这个儿子，看了很长时间，心想，命运实在是太让人感叹了，轮回转世，人与人之间是否就是解不开、剪不断的缘？

儿子也特别喜欢缠着他的父亲，李商隐就和妻子商量，这个孩子就叫作白老吧，他愿意相信这个儿子就是白老的转世，要不然父子之间怎么总是这么默契？所有人都认为给儿子命名为白老是李商隐怀念故友的方式，晚晴也没有反驳这个名字，她理解丈夫的友情。

小白老慢慢地长大了，李商隐尤其疼爱这个儿子，每日上朝回来，看见这个小孩子步履蹒跚地扑向自己，心里一下就温暖了。李商隐经常抱着白老，一声一声地唤他，他不奢望儿子成为大文豪闻名于世，只要有他一半的聪明，那也算是个聪明人了。

在闲的时候，李商隐会教小白老说话写字，但是任你一遍遍地重复，孩子还是学不会，哪来的一半聪明？虽然当初的美好心愿落空，李商隐还是满怀期待地教他作诗习字，不再执着于教出一个才华出众的孩子，只希望他不要像自己一样碌碌无为。

无论是否有转世，这都是自己的儿子，爱孩子是父母责无旁贷的事情。小白老没有满足父亲的心愿，第二个儿子李衮师倒是得到了他的真传。李商隐终于可以大声说："衮师我骄儿，英秀乃无匹。"二儿子真是个聪明的，很多文章一教就会，完全不像小白老那样愚笨，总是用黑眼睛茫然地看着他。

在大儿子身上丢失的信心，全在李衮师这里找了回来，或许月圆之夜只是巧合，如今的这个才是真的白老轮回转世。儿子睡后，他一个人站在窗前，看着外面的月色，任清冷的月光打在身上，映出一道黑色的影子。

　　每天白天的生活真的很不开心，他的建议、他的构思，都是花了几天几夜完成的，最终也不过是被搁置在一旁，甚至都没等到落上灰，就已经消失了。这样的生活何时才能结束，自己在有生之年还会不会有霜雪过后的春天？

　　雪山之后又是另一座雪山，他不断地攀登，所为的也不过就是那痴傻的坚持，执着于自己的梦，哪怕蓦然回首，身后已是灯火阑珊，前面孤寂凄凉，他也要执着地走下去。

光阴的故事

怜君孤秀植庭中，细叶轻阴满座风。

桃李盛时虽寂寞，雪霜多后始青葱。

一年几变枯荣事，百尺方资柱石功。

为谢西园车马客，定悲摇落尽成空。

——《题小松》

园中的松柏，显得脆弱瘦小，在偌大的庭院中，那样孤独。轻细的落叶随着微风飘来飘去，风儿带来满堂凉爽。桃李盛开的季节，是寂寞如一的颜色，在经过严寒霜冻后，只有这棵松树绿色依然。几经变故，在桃李落尽芬芳的时候，当年摇摇欲坠的小松树已经长成了参天之树。

李商隐就如这松树一样，傲岸清高，不去嫉妒别人桃李缤纷。不过是应一时之景，终究会有凋零的一天，那些煊赫的权贵就如这桃花一样，繁花过后，徒增悲凉。李商隐就是坚守着这样的信念，才会日复一日地在官场上挣扎，他本身就是栋梁，只是时不与我，方如此落魄。

辗转了许多个幕府，李商隐经历了一次又一次的挣扎，几乎丧失掉了所有的勇气。每次想要放弃继续前行，总是不甘。他最后又回到了长安，住在老家樊南的旧房子里。他想要进入仕途，已经不仅仅只是因为梦想了，这还是他的一份工作。他是一家之主，要维持一家人的生计。

当他还小的时候，替人抄书赚钱，那时候以为，只要慢慢熬到长大就可以了，长大就可以做大官了，不用再受这样的苦了。

经历了这么多年，李商隐已经四十多岁了，还是一事无成，虽然人们都知道李商隐的诗作，都听过他的才名，但是在政治上，他依然没有什么建树。

岁月流逝，曾经伸手可摘的梦，如今越来越遥远。他茫然地伸出双手，勾勒出梦想的轮廓。这时候的李商隐已经不敢也没有能力谈理想抱负了。一家人每日的生活很拮据，可以说穷困潦倒。因为心情抑郁，李商隐又病倒在了床上。他看着屋顶，数着上面的瓦片，想着如今的自己要何去何从。

曾经的亲朋好友或者病逝离去，或者被罢官免职，每个人都要自扫门前雪，哪还有多余的手，来拉扯他一把。而且他的至交好友也大多并不宽裕，每日都要惦记着一日三餐。他越想越头痛，这些琐事看起来无足轻重，但是小麻烦多了，就足以要人性命。他深深地叹息，这四十来年自己是如何度过的，在米缸里没有米的时候，竟然没有可以求助的人，单靠微薄的俸禄，怎么维持一家人的口粮。

这时，妻子走过来，如今的晚晴已经苍老了很多，不过是几年的光景，肤色黑了，肤质差了，只能隐约看出她年轻时候的美貌。李商隐的病很大一部分都是心病，终日地胡思乱想，有很多的看不开、解不开，只能把自己缠绕在里面，深深地窒息。

晚晴看见李商隐发呆的模样，知道他肯定又在胡思乱想了。她喜欢他的多情，又不赞同他的多愁善感，每日的悲伤，只会越加压垮他瘦弱的身子。她在乎的从来就只是这个人，就算她一个千金大小姐嫁给李商隐后，每日还要劳作，做些她从来都没做过的家务，都没关系，她愿意慢慢地学。

日子虽然过得很艰苦，但是一家人在一起其乐融融不是更好？她不祈求多么大的荣华富贵，只要能吃上饱饭就好。

百姓民不聊生，食不果腹，当权者依旧是奢华靡费，歌舞升平。"朱门酒肉臭，路有冻死骨。"当权者永远不懂贫苦小民的生活艰难，高高在上的他们，连俯视一眼都不愿意。

现在的朝廷，已经黑得看不出白的颜色。李商隐何苦要再跳进里面去，染了一身污浊呢。日出而作，日落而息，耕作务农，做一个简简单单的黎民百姓，这样安适恬静的生活，何尝不是一种美好。

只是李商隐还看不开，即使最初的美梦如今演变成了梦魇，他也要执着地梦下去。他相信，在一季秋冬凋零之后，总会迎来春暖花开的时刻，他的人生终有一天会大放光彩。

晚晴了解她的夫君，也支持他，虽然她不见得喜欢李商隐去做官，毕竟快乐那么多，为何偏要往悲苦的地方去呢。但她能做的也就是操持好家务，让夫君在外面放心家里。昨日她偷偷地当掉了一对耳环来贴补家用，那是她陪嫁时的嫁妆，她从来不敢让李商隐知道，那么骄傲的一个人，怎么允许妻子当掉嫁妆来养活这个家。

每日的烦恼忧愁就已经让他苍老了很多，肥大的青色官服飘飘荡荡，里面的人瘦弱得好像一阵风就能吹倒。

李商隐慢慢地喝掉药，突然觉得很心酸。"且吟王粲从军乐，不赋渊明归去来。"执着成念，即使若干年以后他还是会这样吧。即使常年阴霾，他也相信总会有出现光明的那一天。

夫妻两个人其实都已经劳累成疾，只是李商隐是心虚体弱，晚晴的则是肝病，两种截然不同的病症，晚晴也只是每次用李商隐的药底子，重新兑了些水服下。

过了这么多年的贫苦生活，她早就不是当年的那个千金小姐了。终日操劳，忙里忙外，曾经的大眼睛，如今因为瘦弱突兀地发白，脸色也不是最初的白皙，是不健康的蜡黄色，漆黑的秀发，也如稻草一般胡乱地盘了起来。

女人是最爱美的，而这个女子却把她的一生都给了李商隐，她如花的青春，还有终身的幸福。

李商隐苦陷党争一部分是因为他没有派别，总是坚持自己的思想，如今，他为当初自以为是的骄傲付出了代价。还有很大一部分是因为他娶了晚晴，这就表明他正式离开了令狐父子的派系，转投他人门下。但李商隐从不认为这是一种错，当爱情相遇，没有身份，无关利益，只是因为两个人彼此相爱。

贫穷就是世界上最大的敌人，迫使人放弃梦想，放弃尊严。最艰难的时候，他不是无路可走，只是知道一脚进去，就是万丈深渊。自从娶了晚晴，李商隐差不多就已经和令狐绹断交了，曾经那么要好的年少知己，却因志向不同，如今各自天涯。

不想去看，就可以想象得美好一点，不用在乎他的冷脸，只当是朋友间的不虚伪。

当初李商隐在幕府的时候，心心念着这个年少的朋友，只是一封信犹如被风吹进了水中，没有回音。

载着希望与梦想，他们如今都已经长大，小时候的心意随着时间而慢慢地改变，最后面目全非。在写了很多封信后，李商隐听别人说起令狐绹早已回到了长安，只是对他的信不闻不问。这何尝不是一种悲哀。

友情成追忆

华清恩幸古无伦，犹恐蛾眉不胜人。

未免被他褒女笑，只教天子暂蒙尘。

——《华清宫》

那一年，两人相爱，形影相随，如天上的比翼鸟，做互相的翅膀，一起才能飞翔。只是如今她已不在，只留下自己独守空房，寂寞的夜里，怎么都搜寻不到她的踪迹。上穷碧落下黄泉，两处茫茫皆不见。没有杨贵妃的世界，李隆基终日沉醉在自己的梦里。曾经那样深刻入骨的陪伴，如今只靠她残留的气息日夜安慰着、折磨着。皇上的爱情也是如此身不由己，在动荡的世道里，有谁敢说自己完全是自己的呢？

即使是国家的最高统治者，仍然不能绝对把控自己的事情，何况只是一个小民如李商隐，如一朵浮萍，微弱的根系，永远扎不到最深处。他每天为了柴米油盐这样最基本的小事绞尽脑汁，煞费苦心也只是为了多赚几文钱。那个满是诗歌的脑袋，每日被这些糨糊一样的东西捆绑，他美丽的爱情、唯美的思想，要冲破多少泥浆，才会如清泉一样流淌？

多日的病痛折磨，让李商隐休养了很久，终于可以下床走动了。浓厚的药味让他头昏脑涨。今天在自然中缓缓独行，呼吸久违的泥土芬芳，这样简单的一切就感觉很美好。

人总是在失去中懊恼，垂涎那些不可求的，终日为之颓废。其实在徒劳无功的追寻中，反而忽视了身边一直陪伴自己的人和物，当对所拥有的已经习惯，就会不在乎，而等到失去那一天，才会知道什么才是最珍贵的。

如今可以重新走动，李商隐在自家的小院子悠闲地转上几圈，仿佛人生就此重生了一次。

初夏，绿树成荫，莺歌鸟叫，到处是欣欣向荣的美好场景，只是慢慢地看着看着，他最初的雀跃也萎蔫下来。大自然的怀抱如此温暖，却不能缓解他腹中的饥饿之感，他在田间的小道上慢慢地行走，既想快点到达目的地，又想放慢节奏，一直走在路上，这样就可以不去面对即将面对的事情。

李商隐想，难道这就是生活，很多事明明不想去做，可是即使找到无数的理由也必须要去，就像现在这样。

曾经的令狐府是他的第二个家，那里有他敬重的恩师，还有儿时的伙伴。只是这么多年过去，恩师去世了，儿时的伙伴也已经分道扬镳，还有何面目再去求助。面对别人的冷嘲热讽，他无言以对，只能默默承受，有求于人，多么高贵的头颅也不能扬起。

他知道此行的艰难，但是为了一家人的生活，他必须要去，因为不知道还有谁能帮他了。终于，他来到了令狐府，府门依旧。还记得几年前，自己第一次来到这里，险些被门口两只狰狞的石狮子吓到，还有凶神恶煞的护卫。如今，多少年以后，再来到这里，有数不尽的哀伤凄凉。

没有人阻拦他，凭着他的恩师令狐楚的面子，他就可以随意地走动，甚至门口的两个护卫还要向他问好，只是那又怎样，他不过是披着一层鲜亮外衣，内里依旧孱弱无比。很久没来过了，府里的情景依旧，只是已不再那么熟悉，沧海桑田，世事变迁，没有经过千年万年，但是心的改变，就已经隔绝了银河。

问过老家丁才知道，八郎令狐绹已经不住在这里了，他如今的官位比令狐楚在世时还高，位极人臣后他就离开这个生长的地方了。听说新建的府邸辉煌灿烂，比这里可是气派得多。

如果李商隐还是一个小孩，对那样的府邸可能会望而却步吧，里面的花草树木都是无比珍贵的，而自己相比之下是何等卑微。

随着年岁的增长，令狐府的建筑也开始褪色，显出其苍老的一面。听说令狐绹走时只带走了一批年轻的府里人，所以如今湘叔还在，师母也没有跟去。

可能是人老了，能力就弱了，这些老人没有随令狐绹搬到新的地方。当权者在用人方面也是有独占欲的，老一辈的人都是跟着令狐楚的，新主人内心的信任度会时时作祟。听着老家丁愤懑的牢骚，李商隐也是感触颇多。他才听了几句，就看到湘叔从屋子里走了出来，湘叔也老了，走路蹒跚，眼神也不好，连问了几次他是谁。

李商隐赶忙走过去，大病初愈后他的身体也是着急不得的，两个人就这样踉跄走到彼此的近前。对于这些老人来说，李商隐是很受欢迎的，他谦虚有礼，即使对他们这些仆人，也是非常尊重。

对于湘叔的问题，李商隐都一一作答了，当被问到是否要在这里住时，他停顿了一下，然后拒绝了。

有时候，一句简单的停顿，可以是一刹那峰回路转，也可能是急转直下。李商隐的喜是那么短暂，一转头又是一片凄凉。这空荡荡的院子里的老人们，每天过着坐禅一样的生活，安静但是也乏味。

李商隐婉转地拒绝了，可是湘叔坚持劝他在这里住下，一直走到了老太太——令狐楚的妻子住的地方，还在念叨这件事。事情来得太突然，李商隐根本没有心理准备，他来时也只是想借些银子，先度过这段日子而已。

到了这个年纪，依然追逐功成名就，可是那就如天上的太阳，遥不可及，还不如好好珍惜现在的生活。远在他乡，身边一个亲人都没有，人老了，在这个年纪，亲情比功名更加渴求。

李商隐了解到，令狐绹自从走后就很少回来，师母身边也没一儿半女照料，虽然没有到缠绵病榻需要人照顾的地步，可是老人心情寂寥，没有子女陪伴，是一种孤独的凄凉。李商隐是令狐楚疼爱的徒弟，所以师母也很照顾他，但是即使李商隐有心想侍候在身旁，做起来也并不是那么容易的。

湘叔还说，师母经常挂念他，人老了就爱唠叨，除了自己的儿子，她唠叨最多的就是李商隐了。小时候是李商隐最快乐的一段时光，恩师给了他最好的环境，他只需要努力学习考取功名就行，而不是像现在这样，如此多的烦恼。

听到师母经常念叨他的时候，他心酸得几乎要流泪，可是必须忍住。但是，这段日子以来冰冷的心，慢慢地融化了。最温暖人心的就是最无意间的帮助，让你知道，无论你在天涯海角，做了何事，都有人在一方角落为你祈祷，为你祝福。

李商隐的师母看着他消瘦的身形很是心疼，一身灰布衣裳空空荡荡，仿佛能随着一阵风吹跑了。他脸色苍白，走路的时候腰也不像从前那样直挺挺的了，连头发都有些灰白了。看着眼前的这个人从少年到长大，又变成如今的样子，想必是经历了很多苦难。

师母的一番劝慰，说得李商隐热泪盈眶，话语里都是在为他着想，这些日子的苦闷怎么抵得上这片刻的温暖，他的天空一下子就明亮了很多。

他又何尝不渴望师母的帮助呢，家里的粮食也不够几天了，沉重的负担压得他喘不过气来，可是令狐绹会同意吗？前几次的相见都是不欢而散，他还没来得及上前，令狐绹就已经漠然地走过去了。

李商隐沉思，究竟如何做，才能过得了令狐绹那一关，能被留下来自然是好的，总比在每一顿饭上斤斤计较，每天计算粮食还够吃几天要好得多。

他摸着青花瓷的茶杯，慢慢地摩挲，脑袋却要炸开一样，只是不断在重复令狐绹不同意怎么办，要怎么办。面对久违的师母，他强忍的眼泪终于忍不住流了下来，终于可以找一个人把委屈都讲给她听了。师母慢慢摩挲着他的头顶，就如小时候一样，那么温柔，那么慈爱。

岁月如水，在身边缓缓流过，那些绮丽的梦，回到家全都变得朴实平淡，没有想象中的天高路远，只是这一刻如此满足。

悲剧的不是受伤，而是没有舔舐伤口的地方，在茫茫追寻中，心中始终有一个地方在等着自己，那样默默地、安静地，你看得到它的期盼，却并不焦急，因为那永远是最终的归宿。

李商隐在师母面前痛哭了一场，那么大的人还像孩子一样哭得撕心裂肺，可是他并不觉得丢人，只是事后有些腼腆。

有一个人能就这样安慰自己真的很幸福，不同于妻子的温柔，而是父亲母亲一样的慈悲宽容，就好像即使你做了十恶不赦的事情，他们的怀抱也永远为你敞开。他感觉自己回到了很多年前，儿时的自己就算有天大的委屈和痛苦，在母亲温柔的爱抚之下都会消失，这种爱是很伟大的力量。

"慈母手中线，游子身上衣，临行密密缝，意恐迟迟归。"母亲以前也在日夜思念、担心自己，只是他一直在外漂泊，年轻的心总是不能静下来留在一方，把母亲的爱搁置在了一旁。

随着年岁的增长、岁月的变迁，那些灿烂年华固然是一场华丽的蜕变，可是当你受伤，才发现母亲已不在。这次在师母的怀中，他感觉又是回到了小时候，所以才会有了一场酣畅淋漓的发泄。

师母和湘叔并没有嘲笑他，他的苦，他们一路见证，也一直为他心酸。

"有难处为何不找师母说?"那样简单朴实的一句话,让李商隐差点再次泪如泉涌。他内心的苦太深、太痛,不知要怎样表达。这么多年的压抑,已经沉积在了心里,在夜晚无人的时刻啃噬自己的内心,身体沉重,大脑沉重,仿佛就要面临死亡。只是那样的沉重,已经根深蒂固,只能自己慢慢地承受,无法言说,太复杂,太久远了。

师母看着令狐楚灰白的头发,也是伤心之至,曾几何时,那个翩翩少年,一身白衣,手拿一把纸扇,站于人群之中,便鹤立鸡群一般。如今却是这样苍老的模样,早已不复当时的年少飞扬了。是时间,也是命运,一点点地吞噬了曾经他美好张扬的年华。

一大一小两个人在那里伤心,一个是大病初愈,一个是年过古稀,这样下去如何了得。在旁人的劝阻中,两人终于止住伤悲。师母听了湘叔的话,当即就决定让李商隐搬过来住。

师母之命难违,李商隐想不答应都不行,而且自从母亲去世,师母就是他最亲近的长辈了。于是,三天后,令狐府派来了车辆,把李商隐一家都接进了令狐府。

只是才过了没多久,一直想见未能见到的令狐绹就匆匆赶来了。李商隐求见了他那么久,一直被拒绝,如今他竟然自己出现了。

令狐绹来的时候,正好赶上大家都在客厅吃饭。师母坐在正中,大家其乐融融,一副一家人和谐欢乐的样子。这个场景深深地刺到了令狐绹的痛点,他本是有些淡漠的样子,瞬间变得怒气冲冲,却又碍于母亲在场不便发作。

令狐绹自从当了官,与母亲相聚的时间就少了,要她搬去新的府邸她也不去,如今却在这里和李商隐一家其乐融融,到底谁才是她亲生的儿子？一种被夺了母爱的愤怒涌上了令狐绹的心头。

令狐楚在世时，也对李商隐宠爱有加，让几个孩子都不禁嫉妒这个乡下来的小子，同时又羡慕他的才气得到父亲的关爱和赏识。

令狐绹跟母亲请了安，也不冷不淡地和李商隐打了个招呼，但谁都能看得出他的不顺心，如果不是母亲在前，令狐绹定然不会理他的。

老夫人告诉令狐绹，是她叫李商隐一家搬进来的，自己年纪大了，孩子们又不在身边，老人最期盼的天伦之乐也得不到。李商隐待自己如亲母，搬过来又有何不可。

令狐绹也不能再言语，自己当了一人之下万人之上的宰辅后，平日自然很少有时间陪伴老母，这本就是不孝，又怎么能再违背母亲的意思。他连忙在地下叩了几个头，然后不再言语了。他想再劝说母亲搬进自己的府邸，这样也能赶走李商隐一家，因为他实在不喜欢李商隐，甚至说已经开始痛恨了。只是这座房子是父亲生前的住所，母亲和父亲相濡以沫几十年，即便人不在了，但是思念还在，回忆还在。在最后的日子不想离开也是人之常情。

令狐绹一再劝说，老夫人不由得动怒了，她责怪儿子不常来看她，她才把李商隐一家叫来，他就急忙赶来了。老夫人很是生气，不愿意再和他理论，起身要走。老妇人快走出的时候，还叫上李商隐的妻儿去屋内聊天。众人一听，都赶紧离开，谁也不想面对那个怒气冲冲的当朝宰辅，于是，客厅就剩下了八郎、李商隐和湘叔三人。

沉寂是暴风雨的前奏，宁静的气氛逐渐累积，逐渐加厚的乌云层一旦坠落下来，就是狂风暴雨。李商隐想打破沉默，但是又不知从何说起，曾几何时，两人竟然连话题都找不到了。

贵贱之分，天壤之别，两人在思想上背道而驰，行为也两不相干，就像从来没有认识一样陌生，而且八郎还隐隐带着仇恨，陌路也是奢望。

看着令狐绹如天上的神明一样高高在上，李商隐觉得自己就像蝼蚁一般，对方冷冷地看着自己的挣扎与无助。自己是如此自惭形秽，才华上的那一点骄傲在曾经的朋友面前那样微不足道，浅薄得可怜。

终于还是令狐绹先开口说话了，语气是那样冷淡，带着居高临下的藐视，一句句刺耳的话语，让人明白原来对方也不过是披着神明外衣的凡人。令狐绹对待自己不喜欢的人总是格外小气的，其实令狐绹贵为宰辅，怎么会在乎李商隐一家吃住的这点小钱，他不过是看不顺眼，不想被白吃白住而已。

所以与其让别人白吃白住，还不如让对方做点事，也算弥补自己的损失了，一朝宰辅的心胸竟然如此狭隘。李商隐听到令狐绹要给自己介绍工作，简直目瞪口呆，这转换太突然了。

他还愣在那儿，那边已经帮他做了决定。李商隐丝毫没有怪罪令狐绹的独断，他还是宁愿相信令狐绹出于好心，况且能有份工作自己也是求之不得的。

这么多次去求见而不得见，这次自己还没有请求就被安排了工作，李商隐是激动和欣喜的。虽然只是抄抄奏章的工作，但是仕途梦又有了转机，所以李商隐在听说还能进入官场时，立马就答应了。而看到欣喜若狂的李商隐，令狐绹顿时感觉在这场对弈中自己又输了一局，明明他才是决策者，怎么总是处于下风？所以在后面，他又一盆冷水浇下来，李商隐只算是私下代劳，算不上朝廷的，不要有非分之想。李商隐才燃烧起来的心，再次被浇灭了。

湘叔很看不过令狐绹的这番话，那么有才华的人，怎么就像菜场里的菜，被人随便地挑选采摘，然后还要讨价还价。

但这何尝不是一种悲哀，鲜花掉进草丛里，不是被众星仰望，就会成为被嘲讽的对象。他早该明白，令狐绹是个寡情薄义之人，又怎么会这么好心帮助他，只不过是自己白白一厢情愿罢了。

湘叔劝说道，李商隐有能力，又是正当年，应当多为国家做事，令狐绹提拔了他，为国为民都是一桩善举。而且他们一家也不用再寄居令狐门下，可以自生自立，就不会再麻烦令狐绹。他只是一番好意的劝说，可是令狐绹全然不领情，还呵退了湘叔，对这个为令狐家奉献了一生的老人，令狐绹也竟然薄情至此。

湘叔离开了，客厅里只剩下令狐绹和李商隐，又是一阵沉默，压抑得让人心慌。李商隐眼看湘叔被斥责，又怎能无动于衷，只是该说什么，怎么说？在令狐绹面前，他是如此卑微，即使是一番慷慨陈词，也不过是自取其辱。

还没等他思量出该说什么，怎么说呢，令狐绹就气冲冲地离开了。他没有再和李商隐说一句话，就连他的母亲那里也没有去辞行。

李商隐痴痴地站在那里，手足无措。

人的一生就是一段长长的旅途，沿途的风景或是秀美，或者壮观，崇山峻岭，急流险滩，都要静静地走，慢慢地过。或许掉入某个猎人设下的陷阱，如果没有人拉扯，这一生也就只能在黑暗中度过了。

谁以锦瑟奏哀弦 李商隐诗传

锦瑟奏哀弦

杜牧司勋字牧之，清秋一首杜秋诗。

前身应是梁江总，名总还曾字总持。

心铁已从干镆利，鬓丝休叹雪霜垂。

汉江远吊西江水，羊祜韦丹尽有碑。

——《赠司勋杜十三员外》

清晨的花朵静静开放，凝结的露珠显示出空气的冷清。一个人独自在此间行走，冻结了思维，凉爽得连肺里的空气都是冰凉的。李商隐渐渐习惯了这种冷清，以后一个人的路上，也只能习惯这种冷清。

晚晴病了，而且病得很严重，终日地咳嗽。随着那一声声逐渐加重的音量，旁观者的心也一次次被拉扯得生疼。

李商隐没有生病，但是他却觉得自己比晚晴病得还严重，柔软的心被痛苦撕裂，面容终日愁云惨淡，还得那个病人反过来安慰他。

他虽请了大夫，可是无济于事，他认为那些人只会说无能为力，不会尽心地治疗他的晚晴。无论怎样，都还是要吃药的，那些简单的退烧和止咳的药虽然治标不治本，但是也可以缓解晚晴的疼痛。他不愿意他的晚晴那么痛苦。

又一个大夫背着他的药箱走了，没有什么多余的话语，连一些安慰嘱咐都没有。李商隐知道自己的贫穷，一点医药费都还要东挪西凑，可是那大夫身为医者怎么能如此漠视一个人的生命。

李商隐摸着晚晴滚烫的额头，有时候她烧得神智都不是很清楚，拉着李商隐含糊地说他们从前浪漫的故事。

晚晴这样的千金小姐自从嫁给他就没怎么享过福，还要为自己洗衣、做饭，李商隐一直对此很愧疚。他又何其有幸，能够娶到这样一位贫贱不移、相濡以沫的好妻子。

李商隐坐在病床前，拿着药方的手都是颤抖的，虽然不一定有希望，但这毕竟也是唯一的希望。未来太孤单，他不知道自己一个人要怎样走下去。没有晚晴的自己将是多么的孤单无助，所以，只要一想到晚晴会随时离开，李商隐在睡梦中都会惊醒过来，然后握着晚晴温热的手，看着外面的月亮一直到天亮。

等到天明后起身去干别的，夜里这样一直握着妻子的手，他不敢放开，他不想直接摸到的是冷冰冰的手，想到那里心就会瞬间冰凉。

李商隐每天都要按时煎药，然后端给晚晴。婚后的晚晴一直是温婉的，做什么事都让人放心，只是生病了之后，有时候就像个孩子似的。一碗药总是要劝了又劝，才能勉强喝下去。李商隐很心酸，或许晚晴一直想做的是个撒娇的女子，而不是一直贤惠大方，全为别人考虑，而不为自己。碗里还剩下一点黑色的药汁，李商隐端起来喝掉了它，这药是如此的苦，比以往他喝过的任何药都苦，难怪晚晴那样不想喝。

李商隐的眼泪恣意地流淌，哭得整个心都在战栗。他知道自己是不该流泪的，他是一家之主，不能给孩子们做个坏榜样。只是现在晚晴睡着了，孩子们也不在屋里，李商隐才能放肆地哭泣。

晚晴现在醒着的时间越来越少，也不再孩子性子了，烧也已经退了，可是没有人认为这是个好现象。每次醒来，晚晴都会安慰李商隐，嘱托她的孩子们。他们有一个大孩子，几个小孩子，哪个都让人放心不下，如果可以选择，她真的不想离开他们，她是如此爱她的丈夫和她的孩子们。只是生命无奈，她终将要离开。

后来，晚晴说不要再喝药了，她的病是不会好的，不要再浪费钱了，把剩下的钱攒起来用吧。这样的女子如何能让人不爱，李商隐抱着怀中消瘦得不成样子的晚晴，哽咽着，任伤心刺骨。

这个女子曾经是多么的美丽，会弹瑟，会跳舞，只是现在他已经不记得她上次弹奏是什么时候了，为了这个家，这个女子把自己都放弃了。晚晴把什么都给了自己，可是自己却没有为她带来幸福，今生他都薄待了她。

看着晚晴熟睡的面容，他多么希望这只是一个梦，醒来后，就能看见晚晴灿烂的笑容。她不舍得让家人早早起床，每日都要做好饭、收拾好家务才叫大家起床。这是个梦吧，一个痛极了的噩梦，只是告诉李商隐失去晚晴的痛苦，醒来之后可以更珍惜。

李商隐终日就这样陪在晚晴身旁，一步都不想离开，他想晚晴每次睁开眼看到的都是他。这些年，李商隐一直在外面奔波，甚至晚晴生孩子的时候他都未能陪伴在左右。这每一桩每一件，想起来都是如此伤痛，仿佛有很多只手在撕扯这颗心。

晚晴病得越来越严重，已经不是干咳了，还有大口大口的血吐出来，仿佛生机在一点点消失。

李商隐悲痛至极，孩子也无法照顾了，所以他把孩子寄放在了晚晴姐姐那里。夜里，晚晴突然醒来特别思念孩子，李商隐没有办法，只好请人去帮忙通知，因为晚晴是那么焦急，那么迫切。

仿佛这次见不到，就永远都没有机会了。李商隐不想这样，想着如果不成全她，是不是可以让她继续执着地撑下去？

在说完想见孩子以后，晚晴又睡了过去，李商隐不想吵醒她，她每一次醒来都是伴随着痛苦，血止不住地往外咳。但是，他又害怕她这样如此沉睡。

衮师看到母亲叫不醒，就哭喊了起来，这个小孩子也知道他的母亲病入膏肓了，或许他以后就是个没有娘疼爱的孩子了。

也许真是母子连心，又或者不堪忍受这种吵闹，晚晴睁开了眼睛，对着所有人微笑，好像在说，我没事，不要担心。晚晴如此虚弱，一点也不像当初那个灿烂活泼的少女，还是说她已经用完生命所有的精力了，承担不起那样的笑容了？

晚晴一直在说话，她很久没有说过这么多的话了，这次却说得那样清晰，不必贴耳在前，就能听到那呢喃细语。她告诉衮师要听话，好好学习，以后像他爹爹一样，做个才子，可以出口成章。还没说完几句话，她就得急促地喘息。

孩子太小，还不能听懂她的话，她就这样静静地看着他，充满了不舍与疼爱，她多想看着她的儿子长大成人，功成名就。小孩子的眼睛睁得圆圆的，还伸出胖乎乎的小手去摸她的娘亲，他不会知道他的手给了娘亲多么巨大的温暖。

晚晴抚摸着孩子，他还这么小，什么都不懂，不懂娘亲对他的爱，在很久以后是否会记得，有一个女子用这样慈爱的目光看着他，那是她的母亲。以后没有了娘的照顾，他要如何成长，真是苦了李商隐。

晚晴对孩子是愧疚的，对李商隐也是愧疚的，她在他们的生命中出现，还没有走到尽头就要先行离开了。

跟孩子们告别后，晚晴默默地看着李商隐。六姐把孩子抱走了，最后的时光是属于这对夫妻的。

晚晴不舍得的是孩子，但更爱李商隐。屋子里就剩下他们两个人，晚晴指着瑟的方向要过去，她已经很久没有碰过它了。这有可能是她最后对他说出的要求，李商隐把晚晴扶到了椅子上坐下。晚晴想再弹一曲，来追忆他们的相识、相知，最后相爱。

晚晴说，我知道我时日无多了，就让我最后再弹一次吧，就如我们当初一样。李商隐不能拒绝，他感觉晚晴此刻的生命就像桌上的蜡烛，那微弱的火苗随风晃动，不知什么时候就会熄灭。

苍白的手指滑过一根根弦，乐声如流水一样，在夜里缓缓地流出。让人忘记了白天，忘记了黑夜，忘记了生，不去在乎死，脑海里只剩下相识的美妙。无论恋爱的第一次发生了什么，在若干年后回想，依然都是最美丽、最浪漫的事情。

只是心里生命的那根弦断了，就再也续不起来了。"锦瑟无端五十弦，一弦一柱思华年。"缺了那一弦，华丽的乐章将无法重现。失去了晚晴，李商隐的生命中少了最明亮的光彩和最动人的温暖。

相思已成灰

虏骑胡兵一战摧，万灵回首贺轩台。

天教李令心如日，可要昭陵石马来。

——《复京》

这一日天气依旧晴朗，没有因为一个人的死亡而做任何的改变。对于这个世界来说，离开的只是一个微不足道的人，但是对死者的至亲来说，生命都被带走了一半。空气是如此冰冷，寒风是如此凛冽，要不然李商隐怎么会感觉全身冰冷，自己呼吸到的都是冰，生生地在肺里卡着、冰着。

晚晴的葬礼很简单，只有几个家人。李商隐也没有通知别人，晚晴的离去给他造成了巨大的影响，他喜欢上了安静，喜欢上了沉寂，一直执着的仕途，也放手了，仿佛不记得自己从前是多么渴望。李商隐折了一束野菊放在坟前，讲述她离开后，自己是怎样度过的。他终日消沉，在旧居里一直待着不出来，这里的每一件东西，都能让他想起他的妻子。

他不想承认这种失去，失去了永远都不会再回来了。他终日沉溺于有晚晴气息的世界里，呼吸她呼吸过的空气，抚摸她曾经碰过的地方。这里到处都是晚晴的影子，仿佛她没有离开，只是藏起来了，不能见他。他的晚晴一定也在某个角落苦苦挣扎，她怎么会不来见他，莫非是别人拉住了她的裙摆，让晚晴无法动弹？

晚晴的六姐曾经来找过李商隐，让他搬过去一起居住，可是李商隐拒绝了，他不能离开这里，晚晴看不见他会孤单，没有了晚晴他也不知如何生活下去。整个世界就剩下了李商隐一个人，他也不知道晚晴在不在，但是他不想再出去了，就想一直这样颓废下去，不思考，不在乎什么得失。生活太累了，他再也没有力气去挣扎。他还没有成功，他的仕途也不想再继续了，没有了分享的人，做什么感觉都是徒劳无功。

每日对着一花一草、一树一木说话，就像是在对着晚晴，不管是什么天马行空的怪诞思想，都没人会笑话他，因为他只对一个人说。那些内心的小幼稚，对生活的不满，没了晚晴，他就对着稀薄的空气喃喃自语。

花开无声，花落无痕，剪一段岁月，附和这短暂的人生。李商隐的颓废不止苦了自己，也伤害了那些真正关心他的人，韩瞻找到他的时候，他正抱着酒坛子，对着空气发呆。

韩瞻不由得想起李商隐从前的意气风发，想起他那些美丽的诗句。这样一个有才情的人难道要终日与酒为伴，如此度过一生吗？

韩瞻为李商隐找了一份差事，李商隐想都没想就一口回绝了。从前的他不是这样的，他会欣喜若狂，觉得好像离梦想又近了一步。或者像个孩子一样跳起来，只是如今都不会再有了。

"痛苦就痛苦，总是要回到现实的，逝者已矣，晚晴在世，也不想看到你这种颓废的样子。"韩瞻如此劝解着。

他提到晚晴的时候，李商隐拿着酒瓶的手明显颤抖了，嘴唇哆嗦着不知要说什么，只是最后什么也没有说出来，又开始大口灌起酒来。

韩瞻甩门离去，这样的李商隐太让人伤心，让人可怜，可是最多的还是愤怒，晚晴对他如此期待，他竟然在晚晴去世后就一蹶不振，这样如何对得起关心他的人。

李商隐还在回忆与晚晴的初见。她一直爱慕的是他的才学和忧国忧民的情怀，在她的心中，李商隐虽然多情但并不伤情。虽然也有幻想，但更多地活在现实中。

与其终日在这个一同生活的地方触景伤情，不如就离去吧，等到什么时候能把伤心沉淀在心里，再回来看看，用获得的成绩来祭奠死在这里的女子。

"曾经沧海难为水，除却巫山不是云。"他知道今生的最爱逝去，这一生再也不会爱别人了。

韩瞻第二天一打开门，就看见憔悴的李商隐，虽然梳洗过，也换下了那身满是酒味的衣服，但是仍然难掩一脸愁容。本就瘦弱的人，如今好像能被风吹跑，他更加苍老了，似水流年，往昔不在。

李商隐用沙哑的声音说着他的决定，他要离开这个伤心地。虽然这里曾经一度是他感觉最幸福的地方，但正是因为曾经有多幸福，如今就有多痛彻心扉。爱到了尽头，也痛到了极致，痛她的离开，不舍她给予的爱恋，现在他已经无法再承受这些熟悉事物所带来的彻骨疼痛。

李商隐就站在床前默默地看着熟睡的孩子，他们身上有年少的自己，还有晚晴的音容。原谅父亲吧，现在我连自己都养活不了，怎么能照料你们。他们的父亲是个懦弱的人，也是个没用的人，这一生悲欢辗转，从来没有掌控自己的自由。

他虽然离开，但是要让孩子们知道远方有一个人一直在思念他们，天上也有个人在守护着一家人。有人会照顾好他们的，远比这个亲生父亲要做得更好。李商隐深深地向韩瞻和六姐鞠了一躬，然后头也不回地离开。在两人看来，他走得是那样决绝，好似已经看破红尘往事，不再回来。

或许是真的没有留恋，此行真的是更加决绝。李商隐离开时，那冷峻的面容，看不出悲喜伤痛，他变了，从前都是温和的面容，从此后，他变得不像自己，但也可能这才是真正的他自己。

坐在马车里，窗帘遮挡出一片黑暗，他没有最后留恋这个深情的地方，告别得如此坚决。轱辘压过的地面坑洼不平，车前的马夫在诅咒着这糟糕的路面，李商隐一句话也没有说，连面容都没有变过。难道受过一次伤，就要戴个不一样的面具吗？这是为了隔绝，还是伪装？

　　科举一次次地失败，他沮丧，可是从没有放弃，执着地坚持自己的路。走到最后，依旧是一介白衣，和当年在恩师面前一样的地位，只是时过境迁，早已不同。他的爱情也总是夭折，暧昧的萌芽刚发，就被一场风暴折损。爱到半路，前方便没有了路。

　　日落黄昏，李商隐已经踏上了东行的路，那个不一样的樊南在他身后渐行渐远，不知道这一生他还有没有勇气再回来。

征帆送远人

洞庭波冷晓侵云，日日征帆送远人。

几度木兰舟上望，不知元是此花身。

——《木兰花》

十一月的东川，天气冷了下来，大雪纷飞。裹紧身上的衣服，李商隐站在纷飞的雪中东望，只见白茫茫的一片。

还记得很多年前，他去拜访恩师的路上，看见路上皑皑白骨，那也是一片白色，只是当时年少，只感叹战乱无情。如今看着茫茫白雪，他内心的哀伤更胜往常。

冷暖自知，无人再来关心。若是晚晴在，定会给他做棉衣，一再嘱咐要穿上。有她在身旁的日子，漫天飘雪也不过是下了一场繁花，两人比肩并邻才是最美的风景。

微凉的雪花融化在他的眼角，还没来得及温热，就又冰冻成晶。凝结在脸上，又倏地滑落下去，融入脚下，寻不见。

谁以锦瑟秦哀弦 李商隐诗传

苦涩的眼角，抹不去的是一层又一层的冰凉，所幸冻结成冰，不必奢求残留的一点余温。茫然天地间，真的就只剩下自己了。李商隐如今远离子女，天大地大也不过孑然一身，不必在意许多，完全可以按照自己最想做的去实行。

他心中无数次地惦念，远在天边的晚晴，是否知道有一个人在时时刻刻想她，他视野的每一个东西，都能勾起对她的回忆。

李商隐在柳仲郢麾下继续做幕僚，这么多年过去，他也再没有了激情，不会因为某个上位者做的蠢事就和人争得面红耳赤。他安逸、守己，每日默默地做着分内的事，安静得不惹人注意，只是不用只言片语，他身上的萧瑟寂寥就难以让人忽略。

有他在的时候，空气就像是凝滞不动的，沉沉地压抑，别人连呼吸都不敢大声，怕扰乱了这份寂寞。

他终日平静地生活，可是不平静的事还是找到了他的头上。与东川相邻的西川发生了一件案子，要派东川官员去处理，李商隐正好和西川的节度使杜悰是表兄弟，就领了这命令去往西川。

也不是多大的事情，不过是一场打架斗殴的纠纷，李商隐就是不明白这么一件小事怎么就会惊动了朝廷。原来是杜悰无能，没有妥善地处理好，才被当事人闹大。李商隐按着脉序整理，不过几天就已经摸清了事情的真相，简单地处理好了。这件事上是杜悰无能，而李商隐早已没有了年少时眼里不容沙子的较真，况且表兄弟一场，也就宽容处置了。

对于李商隐来说这不过是一件小事，可是对于杜悰来说，如果被参可就是丢官的大事了，他异常感谢李商隐，特意设宴款待。为了表达隆重的谢意，宴席极其奢华，不仅有好酒美食，还有美色歌舞相伴。

看着眼前的热闹，这就是他从前追逐的生活，被人尊重，说话有力度，不再是一番高谈阔论，仅此而已。只是如今看来，贫穷富有都不过是过眼云烟，人已不在，一切都是枉然，李商隐看开了，又或许是钻入了另一个牛角尖。

这喧闹的场面，看起来如此凄凉，置身其外，游离红尘的边缘，羁绊中踉跄前行。只是如今的他已经没有停留的必要，受伤过后，心痛的也只有自己，自怨自艾，怅然间醒悟。

他悄然地走开，现在的他不喜欢这样的奢华，只想要一方角落，淡淡地做自己，回味自己的忧伤喜乐，咀嚼人世百味。虽然这场热闹宴席的主人公已经离开，但是欢闹中的人们并没有察觉，或许，这些已经不再重要。

他很想有一个能完全自己做主的地方，不需要青山绿水，也不必花好月圆，只是平淡地生活，无须太多欢声笑语，只是心境荒凉，在日光中能享受一丝温暖，在月夜之中，修得那一方圆满。

事情办好之后，李商隐想快点回到东川，只是杜悰一再挽留，让李商隐很是为难，这里的喧闹他早已不再习惯，随着年岁的增长，他早已不是当初年轻气盛的他。后来，杜悰被派去淮南任节度使，离开了西川。李商隐就此告别，又回到了东川，继续他蜗居似的生活。

白日忙忙碌碌地做着工作，每一样都仔细地完成，他兢兢业业，却不是为了其他什么，只是因为这样认真，就能转移注意力，不再被思念占据全部心神。

时光如水，静波沉安，在一片宁静的海面，静静悬浮，仰望蓝天，背朝大海，秋水共长天一色中寻得浮生半安闲。李商隐在东川一待就是四年，这四年里，生活平静得没有一点波澜，他成了一潭死水，在淤泥里静静地消散。

虽然时间过去了很久，但是在夜深人静的时候还是会思念，还是会心痛。晚晴的音容经常浮现在眼前，只是在拥抱的刹那，又消失不见，伸出手抚摸到的也不过是稀薄冰凉的空气。

仰望天边的时候，他也会想念自己的孩儿，四年未见，他们是否已经忘记了这个不负责任的父亲。在他们出生的时候他不在身边，在他们牙牙学语的时候，叫的第一声"父亲"，也不是对着他。他在亲人面前也如过路，匆匆来去，留下让人不解的迷惑。

这样平淡如水的日子也很好，情绪也跟着安静下来，在烈火如歌之中，奏一曲高山流水。只是缘分到头终有尽，柳仲郢被朝廷调派回了长安，任吏部侍郎，幕府解散了，大家也各奔东西，寻找另一个落脚之地。李商隐一个人茫然地站在纷乱的人群中，呆呆地看着不断奔走的同僚，显得鹤立鸡群。

曲终人散，大家各自东西，有的随着柳仲郢回了长安，还有人另谋他处。李商隐并没有跟着回去，四年了，往事浮云，不堪回首。他寻了一驾马车，现在正是春暖花开的时节，不必规定路程，不用在意方向，放开缰绳，让马儿为他寻得前方。

面前的巍峨高山，悬崖峭壁，孤独绽放，任世人痴痴仰望，依然向着更高更远的地方观看。这里是王屋山，李商隐一段爱恋开始和结束的地方，他的每一段爱恋都是与众不同的。

很多年前，在科考失利后，李商隐也是在这里一步步登上玉阳山的。他看见了那高贵如云的女子，只是云最后坠落，下了一场雨，淋湿了每个人的心。

或许真的不应该要求太多，凡夫俗子，何必去追求那么圣洁的事物呢，苦了自己，害了他人。他寻着记忆中的路，慢慢地走，不在意尽头，不需要方向，只是想重温往日，树叶哗哗地作响，几只虫子在无聊地聒噪。

岁月连年，如今的那一池荷花依然绽放，或许更美于往昔，人面不知何处去，荷花依旧笑春风。他还在这里，只是已经苍老了，花儿依旧那样艳丽，只是她已不在了。

时间总是能磨砺一个人，苦难总是可以改变一个人，哪怕这个人坚强无比，但如果在现实中连连受挫，希望一次次被命运无情地破灭，他最初的热情或多或少都会有所减退。李商隐的一生是被现实压迫的一生，无论他付出多少努力，始终没能挣脱命运的捆绑，他的心正渐渐变得冰冷。

只是近黄昏

紫泉宫殿锁烟霞，欲取芜城作帝家。
玉玺不缘归日角，锦帆应是到天涯。
于今腐草无萤火，终古垂杨有暮鸦。
地下若逢陈后主，岂宜重问后庭花。

——《隋宫》

十里秦淮，歌舞升平，漫步在江南的小镇，看两岸柳絮翻飞，这一方天地，永远那么喧闹欢喜，滋生的忧愁也总是隐在黑夜之后，暗暗地啜泣。

李商隐又被邀请去了江都赴职，他永远是作为一名幕僚，在大江南北流浪，在一方停留不久，就要准备着暂栖之后的离开。到江南也好，看小桥流水，枯藤老树，在悲怆的生活中，这里永远是青色的年华。

他站在隋宫之前，看着豪华的宫苑，门前青砖铺地，屋内金碧辉煌，这里曾经住着隋炀帝，隋朝的最后一位掌权者。不管曾经多么繁华，也逃不过最后的一场屠杀，亡了国家，丢了荣华。不若李后主，在寂寞深院，独自叹息清秋深锁，一方小院，了却余生。叹不过前世今生，荣华富贵总是刹那烟花，来无影，去无踪，消失之后，愁断人肠。

李商隐老了，在这江南的烟花之中，他看到的只是绽放后的凄凉，秦淮河歌舞之后，听见的是歌女无言的心伤。不是不悲伤，只是难过之后又是什么，一场徒然，既然无能为力，就随着这尘世漂泊吧，等到下一个靠岸，迎接另一个浪涛。

一次次的病痛折磨得李商隐无法入睡，深夜里回忆从前，可能真的是老了，他已经不再憧憬，而是不断地陷入回忆。午夜梦回，那些逝去的人一次次在睡梦中出现，有这许许多多的人。堂叔的谆谆教导，恩师冷厉言辞下的关爱，还有母亲守在门前的远望，原来生命中留下了这么多遗憾，只是再也不能完成了。逝者已逝，只有这一份思念，证明曾经的存在。

最终，李商隐辞了官，回到了樊南——最初的故乡，也是最后的归骨之地。生命中的美好，都是和晚晴在此度过，如今回忆起那个音乐声中姗姗而来的黄衣女子，痛彻心扉。

对于那份差事他已不再留恋，原来总是在年华老去之后，才能明白自己最想要的是什么，最值得珍惜的是什么。

李商隐回到了故乡，十二岁的儿子站在门前等他。原来他在暗暗感伤的时候，对身边的亲人是如此漠视，自己的亲生儿子如今站在眼前，却没来由感到陌生，又被与生俱来的亲情羁绊着。

血缘真的是如此奇妙，见到儿子的那一刻，他真切地感到自己并不是一个人，这世上还有和他相同血脉的人，即使他远走，依旧还有人在门前守候他归来。

看着勉强能遮风挡雨的空荡荡的屋子，他想起了两人曾经在夜半无人时候的悄悄话，很久前记忆还是这么清晰，仿佛他才离开不久。

看着衰老的李商隐，众人一片哀戚，他从前就是一副瘦弱的模样，如今更是皮包骨，那干枯的手指让人看着格外心酸。

李商隐在这儿度过了他最后的时光，小衮师留下来照顾他，父亲苍老得可怕，虽然相处时间很短，但他很敬重自己的父亲。

夏日的午后，李商隐常常坐在院中，大多时候都是在静默着。衮师已经看不到父亲的悲伤了，李商隐把情绪敛藏，好像对什么都很好奇一样，很多年的东西了，他还在一一观赏。静谧的午后，阳光暖暖的，李商隐在温暖中入睡，那样的安静，那样的慈祥，安静得过了头。衮师一直在旁边守着，他害怕，这种安静太过诡异了，他的内心总是不安的。

一日午睡醒来，李商隐拿出了晚晴留下的锦瑟。本是清丽的音乐，在李商隐手下却晦涩突兀，不是不好听，只是太过喑哑和悲伤，就像人心底的秘密，被一点点地剥出来，暴晒在阳光下，发出滋滋的响声。

乐声缓缓地流出，感伤了这个庭院，把每个人内心的凄凉都勾了出来，仿佛能看到一个人的悲凉人生，在时间的磨合下，一点点消失。

悲伤的音乐从屋子到了庭院，又缓缓地传出，若隐若现的悲伤，让许多人感伤流泪。李商隐也在哭泣，一滴一滴的泪珠坠落在弦上，每一次的滴落都是一声突兀的撞击，仿佛人在激动处的情绪起伏，难以抑制。

眼泪越流越快，这断断续续的曲子终于停了，断弦折情，乐器还依旧完整，李商隐的情却残缺了。经过了那么多次的悲欢离合，他终于寻得了一位携手的女子，本是要幸福百年的，却是还没有过上好日子她就离去了。

难道真的是命中注定吗，李商隐爱的女子，最后都是悲剧收场？即使再爱也不能相思，无法相守。李商隐仿佛用尽了所有的力气，在椅子上挣扎着，只是尝试了好几次，依然无法站立起来。

一旁的衮师连忙把父亲扶到床上休息，内心突然涌出无限的恐惧，快要把他淹没。他好不容易才看见父亲，却感觉又要消失了，并且要永远地失去了。

衮师把李商隐扶到床上，就去准备吃的，只是回来之后看见父亲睡着了，嘴角还挂着微笑。父亲已经很久没有笑过了，这一次却是那样开心与满足。衮师由衷地为父亲高兴，只是他笑着笑着又突然不安了起来，在这样安静的气氛中，他连呼吸声都只听得见自己的。

他去唤父亲，轻轻地碰触身体，没有任何回应，使劲地摇晃，李商隐还是在笑着。李商隐就这样离开了人世，在这一年的秋天，秋叶萧瑟，满目凄凉，一个多情的才子离去了。他结束了这艰难的旅程，去收获另一个人生。

　　李商隐的死讯传遍了整个长安，不少人为之叹息，不论生前怎样的仇恨，李商隐的能力虽然被淹没，但是他的才华众所周知。"春蚕到死丝方尽，蜡炬成灰泪始干。"他的一生始终在燃烧着，却只有微弱的光亮，在人生的旅途，随时被无情的风吹灭，哪怕只是轻缓的小风。

　　他生前没有人关注，死后却在长安引起了轰动。他的诗文不断被人抄写、传诵，他的仕途、他的爱情，全在一首首诗词中表现出来。消息传到令狐府的时候，令狐绹险些晕倒，那个他决定永远断交的人竟然就这样离开了。儿时的玩伴，年轻的挚友，虽然后来选择不同，但毕竟两个人有着共同的回忆。他曾经坚决地要从人生中抹除掉的这个人，在他离世的时候，自己内心竟是如此触动。

　　人死了就什么都不在了，两个人的回忆也只有一个人来守护，对与错的辩论也不必再继续。年华匆匆离去，曾经的少年，白了满头青丝，仰望天空看漂浮的云，看移动的鸟，还有金色绚烂的太阳。

　　在岁月悠悠中，总有一些人稍纵即逝，却能让人一遍遍地回忆。午夜梦回，推开窗子，看着今夜清冷的月光，原来人生真的不过是一轮明月，不断上演着阴晴圆缺。

图书在版编目 (CIP) 数据

谁以锦瑟奏哀弦：李商隐诗传 / 流星著 . — 北京：
中国华侨出版社，2021.3（2021.5 重印）
ISBN 978-7-5113-8333-4

Ⅰ . ①谁… Ⅱ . ①流… Ⅲ . ①李商隐（812– 约 858 ）
– 传记 Ⅳ . ① K825.6

中国版本图书馆 CIP 数据核字（2020）第 200583 号

谁以锦瑟奏哀弦：李商隐诗传

著　　者 / 流　星
责任编辑 / 王　委
封面设计 / 冬　凡
文字编辑 / 黎　娜
美术编辑 / 盛小云
经　　销 / 新华书店
开　　本 / 880mm×1230mm　1/32　印张 / 6.5　字数 / 160 千字
印　　刷 / 三河市燕春印务有限公司
版　　次 / 2021 年 3 月第 1 版　　2021 年 11 月第 4 次印刷
书　　号 / ISBN 978-7-5113-8333-4
定　　价 / 36.00 元

中国华侨出版社　北京市朝阳区西坝河东里 77 号楼底商 5 号　邮编：100028
发行部：（010）88893001　　　传　真：（010）62707370

如果发现印装质量问题，影响阅读，请与印刷厂联系调换。